KB242502

레버리지 ETF의 34가지 비밀

오기석, 윤현상, 안석훈 지음

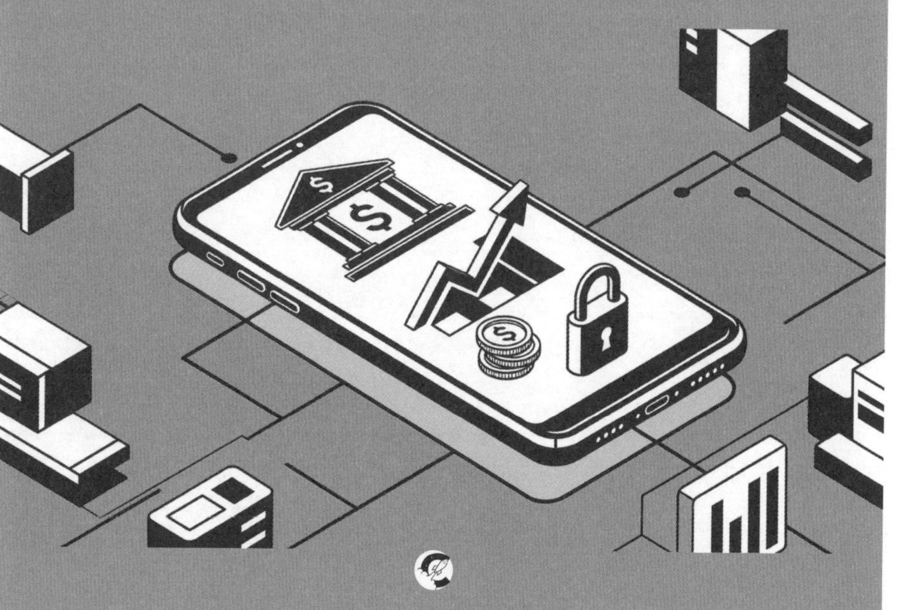

주식시장에서 '레버리지'와 '인버스'라는 단어는 오랫동안 금기어처럼 취급되어 왔습니다. 어떤 이는 이를 '인생을 망치는 도박'이라 말하고, 또 다른 이는 '절대로 손대지 말아야 할 위험한 상품'이라고 경고합니다. 실제로 아무런 준비 없이 뛰어들었다가 거친 변동성에 휩쓸려 소중한 자산을 잃은 사례도 적지 않습니다.

그런데 흥미로운 점이 있습니다. 이런 경고와 논란 속에서도 레버리지·인버스 ETF에 대한 투자자들의 관심은 오히려 커지고 있다는 사실입니다. 문제는 관심만큼 이해가 따라가지 못한다는 것이죠. 구조도, 위험도, 활용법도 제대로 모른 채 투자하는 경우가 여전히 많습니다. 그러면서도 이 상품의 양면을 균형 있게 설명해 주는 자료는 생각보다 드물고요.

이 책은 바로 그 공백을 메우기 위해 쓰였습니다. ETF 운용사와 증권사에 근무하고 있는 세 명의 저자가 현장의 경험과 연구를 바탕으로, 레버리지·인버스 ETF의 구조와 위험, 그리고 실제 활용 전략까지 성심껏 정리했습니다.

레버리지·인버스 ETF, 정말로 위험하기만 한 걸까요?

한번 생각해 보겠습니다. 문제는 도구 자체일까요, 아니면 그 도구를 다루는 방식일까요? 전투기 조종사들은 극한의 속도를 넘나들며 하늘을 가릅니다. 그들이 위험을 감수하고서도 무사히 목적지에 다다를 수 있는 이유는 명확합니다. 자신이 다루는 기계의 작동 원리를 정확히 이해하고, 다루는 법을 몸으로 익혔기 때문입니다. 레버리지·인버스 ETF도 다르지 않습니다. 이 상품들은 현대 금융 시스템이 만들어낸 가장 날카롭고 강력한 도구 중 하나입니다. 하락장에서도 수익의 가능성을 열어 주고, 자산 형성의 속도를 크게 앞당길 잠재력을 지니고 있죠. 동시에, 제대로 이해하지 못한 채 다루면 투자자 자신에게 상처를 입히는 양날의 검이 되기도 합니다.

변동성의 파도를 타는 법

이 책은 종목을 소개하지 않습니다. (종목에 관한 자세한 이야기는 함께 출간되는 《초보도 고수처럼 돈 버는 주식투자, ETF가 답이다》를 참고해 주십시오.) 레버리지라는 엔진이 어떤 방식으로 작동하는지, 왜 횡보장에서 계좌가 조용히 침식되는지, 그리고 시장의 공포가 극단에 이르렀을 때 인버스 ETF를 어떻게 방패처럼 활용할 수 있는지를 설명하는 실전 운용 매뉴얼입니다.

저희는 다음의 세 가지를 염두에 두고 이 책을 썼습니다.

첫째, 독자 여러분이 레버리지·인버스 ETF에 대한 모호한 두려움에서 벗어나, 해당 상품에 대한 이해를 바탕으로 투자 여부를 결정할 수 있게 되길 바랍니다. 많은 사람들이 "레버리지는 위험하다"라고 말하지만, 정작 기초 자산이 34% 하락할 때 계좌에 어떤 일이 벌어지는지, 왜 지수는 제자리인데 레버리지 ETF의 가격은 크게 훼손되는지 그 구조를 정확히 아는 경우는 드뭅니다. 이 책에서는 레버리지·인버스 ETF의 기본 정의에서부터 2~3배 수익률이 만들어지는 파생상품의 작동 원리까지 차근차근 설명했습니다.

둘째, 시장의 심리를 넘어서는 실전적 생존 전략을 다루고자 했습니다. 이를 위해 하락장에서 인버스 ETF로 실제 수익을 낼 수 있는지, 이른바 '무한매수법'이 현실적으로 유효한 전략인지와 같은 투자자들의 실질적 질문에 답했습니다. 또한 장 마감 무렵 나타나는 변동성의 특징과 이를 활용한 대응 전략을 통해, 레버리지와 인버스 ETF를 트레이딩과 위험 관리 도구로 활용할 수 있게 되길 바랍니다.

셋째, 수익률에는 반영되지만 눈에 잘 보이지 않는 여러 가지 비용들을 알고, 이에 대비하도록 돕고자 했습니다. 한국과 미국 시장의 보수 구조 차이, 잦은 단기 매매가 계좌를 어떻게 서서히 잠식하는지와, 의외의 변수인 분배금의 실체까지 꼼꼼히 설명하였습니다.

시장은 언제나 흔들립니다. 변동성이 없는 시장은 살아 있는 시장이 아니니까요. 노련한 투자자는 변동성이 사라지기를 바라지 않습니다. 오히려 그 변동성을 에너지로 삼아 앞으로 나아가죠. 이 책의 마지막 장을 덮을 때쯤, 여러분이 폭락장을 마주하더라도 당황하지 않고 상황에 따라 인버스 ETF라는 방패를 들고, 바닥이 확인되면 레버리지라는 돛을 올릴 줄 아는 준비된 투자자가 되셨으면 합니다.

CONTENTS

레버리지 ETF,
제대로 알고
투자하시나요?

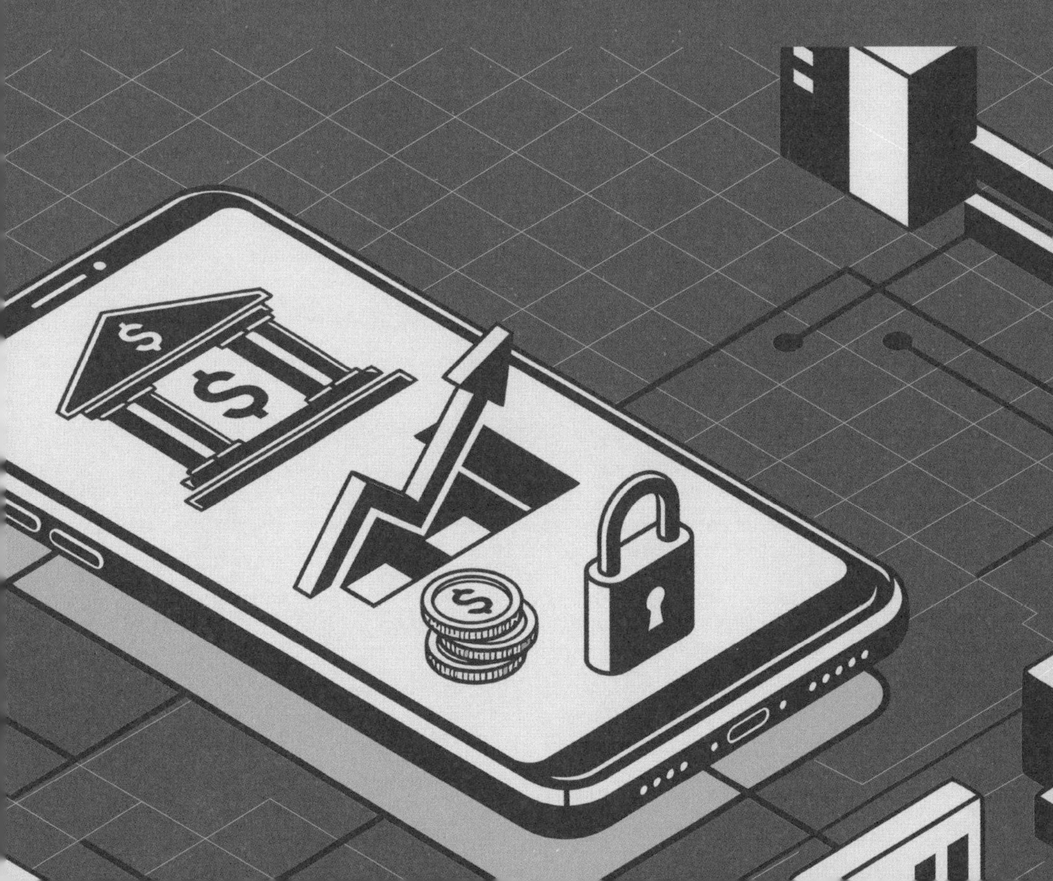

레버리지 ETF와
인버스 ETF가 무엇인가요?
그리고 곱버스는 또 뭔가요?

01

　레버리지 ETF는 일반 ETF와 달리 파생상품에 투자하여 보다 높은 수익을 추구하는 상품입니다. 기초 자산의 가격이 상승할 때 일반 ETF 대비 2~3배의 수익이 가능하죠. 특정 지수나 자산 가격을 기준으로 하여 벤치마크 지수를 설정하고, 해당 벤치마크 지수 일별 수익률의 정방향으로 N배 이상을 추구하도록 설계됩니다.

　한편 인버스 ETF 역시 파생상품을 활용한다는 점에서 레버리지 ETF와 같습니다. 다만 레버리지 ETF와 달리 벤치마크 지수의 하루 수익률을 역방향으로 1배 이상 추종하는 상품이며, 벤치마크 지수의 하락을 기대할 때 효과적이죠. 하지만 기대와 다른 방향으로 벤치마크 지수가 변화할 경우, 다시 말해 시장이 예상과 반대로 움직일 경우 손실이 기하급수적으로 커지며 계좌 잔고가 순식간에 0에 수렴할 수 있으므로 각별한 주의가 필요합니다.

　더불어 곱버스 ETF란, '곱하기'와 '인버스 ETF'의 합성어로, 벤치마크 지수를 역방향으로 N배 이상 추종하는 인버스 ETF를 말합니다. 지난 2020년 코로나19 팬데믹 당시 미국 주식시장에 대한 투자가 폭발적으로 증가하는 가운데 대중에게 널리 알려지게 되었고요. 국내 주식시장의 대표적인 상품으로는 KODEX 200선물인버스2X (252670)가 있습니다.

이해를 돕기 위해, 많은 투자자들이 매매하고 있는 종목을 예로 들어 보겠습니다.

국내 시장 : 코스피 200 지수의 형제들

먼저 국내 주식시장에 상장되어 있는 일반 ETF 중 KODEX 200 (069500)과 동일한 지수를 추종하는 레버리지 ETF인 KODEX 레버리지 (122630), 인버스 ETF인 KODEX 인버스 (114800)를 살펴보죠.

삼성자산운용이 출시한 KODEX 200은 대한민국 주식시장을 대표하는 200개 종목으로 구성된 코스피 200 지수를 추종하는 대한민국의 대표적인 ETF입니다. 2002년 10월 국내 주식시장에 상장된 최초의 ETF로 가장 오랜 역사를 보유하고 있으며, 운용자산은 17조 원이 넘습니다.

KODEX 레버리지는 코스피 200 지수의 일별 수익률을 2배 추종하는 ETF입니다. 코스피 200 지수가 하루 +1% 상승하면 +2% 오르도록 설계되었는데요. 2010년 2월에 상장했고, 운용자산은 6조 원에 이릅니다.

KODEX 인버스는 코스피 200 지수를 기초 자산으로 하는 파생상품 지수인 코스피 200 선물 지수F-KOSPI 200의 일별 수익률을 역의 방향-1배으로 추종하는 ETF입니다. F-KOSPI 200 지수가 하루 -1% 하락하면 +1% 상승하도록 설계되었고요. 2009년 9월에 상장했고, 운용자산은 1조 원에 달합니다.

미국 시장 : 나스닥 100 지수의 형제들

다음으로 미국 주식시장에 상장된 일반 ETF 중 **인베스트 QQQ 트러스트**Invesco QQQ Trust(QQQ)와 동일한 지수를 추종하는 레버리지 ETF인 **프로셰어즈 울트라프로 QQQ** ProShares UltraPro QQQ(TQQQ), 인버스 ETF인 **프로셰어즈 울트라프로 숏 QQQ** ProShares UltraPro Short QQQ(SQQQ)를 알아보죠.

세계 4위 ETF 운용사인 인베스코가 출시한 **인베스트 QQQ 트러스트**이하 QQQ는 나스닥에 상장된 기업 중 금융주를 제외한 100개의 대형 기술주로 구성된 나스닥 100 지수를 추종합니다. 1999년 3월에 상장했고 운용자산 규모는 3,900억 달러를 넘어섭니다.

레버리지·인버스 ETF 전문 운용사인 프로셰어즈가 출시한 **프로셰어즈 울트라프로 QQQ**이하 TQQQ는 나스닥 100 지수의 일별 수익률을 3배 추종합니다. 나스닥 지수가 하루 +1% 오르면 +3% 상승하도록 설계되었죠. 2010년 2월에 상장했고 운용자산은 300억 달러에 달합니다.

프로셰어즈가 출시한 **프로셰어즈 울트라프로 숏 QQQ**이하 SQQQ는 나스닥 지수의 일별 수익률을 역의 방향으로 3배 추종합니다. 나스닥 지수가 하루 -1% 하락하면 +3% 상승하도록 설계되었습니다. **TQQQ**와 함께 2010년 2월에 상장했고 운용자산은 20억 달러가 넘고요.

참고로, 나스닥 100 지수를 2배 추종하는 레버리지·인버스 ETF는 **프로셰어즈 울트라 QQQ**ProShares Ultra QQQ(QLD)와 **프로셰어즈 울트라숏 QQQ**ProShares UltraShort QQQ(QID)입니다. TQQQ와 SQQQ가 3배 레버리지로 더 큰 변동성을 제공하다 보니, 국내 투자자들 사이에서 QLD·QID의 인기는 그리 높지 않습니다.

■ 기초 지수 수익률 배수별 주요 ETF

구분	일반 (1배)	레버리지 (2~3배)	인버스 (-1배)	곱버스 (-2~-3배)
국내 (코스피 200)	KODEX 200	KODEX 레버리지 (2배)	KODEX 인버스	KODEX 200 선물인버스2X (-2배)
미국 (나스닥 100)	QQQ	TQQQ(3배) QLD(2배)	PSQ (-1배)	SQQQ(-3배) QID(-2배)

유튜버들은 절대 알려주지 않는 **레버리지 ETF의 34가지 비밀**

기본 개념

- **레버리지 ETF** 지수 상승 시 기초 지수 수익률의 N배 수익을 추구(정방향).
- **인버스 ETF** 지수 하락 시 수익이 발생하며, 가격 하락에서 수익을 얻는 목적으로 활용(역방향).
- **곱버스 ETF** '곱하기'와 '인버스 ETF'의 합성어로, 지수 하락 시 N배 수익을 추구.

✓ CHECKLIST

☐ **일별 수익률 추종** 레버리지와 인버스는 누적이 아니라, 당일의 일별 수익률을 기준으로 움직인다는 사실을 이해했는가?

☐ **변동성 리스크** 시장이 횡보할 경우, 복리 효과로 인해 원금이 깎이는 음의 복리(변동성 잠식) 현상이 발생할 수 있음을 이해했는가?

☐ **고위험군 상품** 예상과 반대로 지수가 움직이면 단기간에 막대한 손실을 볼 수 있음을 인식했는가?

일반 ETF와
레버리지·인버스 ETF의
차이점은 무엇인가요?

02

　투자를 시작할 때 우리가 가장 먼저 접하는 상품은 보통 시장 지수를 그대로 따라가는 일반 ETF입니다. 하지만 시장에 익숙해지다 보면 지수보다 더 높은 수익이나, 하락장에서도 돈을 버는 방법을 고민하게 되죠. 이때 등장하는 것이 바로 레버리지와 인버스 ETF입니다.

　겉으로 보기에는 같은 ETF라는 이름을 달고 있지만, 이들은 마치 순한 맛과 매운맛처럼 전혀 다른 성격을 가집니다. 구체적으로 어떤 차이가 있을까요?

　일반 ETF는 우리가 잘 아는 현물 혹은 파생상품 기반의 상품입니다. 레버리지를 일으키지 않았기에 장기 투자에 적합하며, 시장 혹은 기초 자산이 움직이는 방향에 따라 장기 성과가 결정됩니다. 예를 들어 코스피 200 ETF를 산다면, 운용사는 실제로 코스피 200에 포함된 주식들을 바구니에 직접 담습니다.

반면, 레버리지와 인버스 ETF는 파생상품, 즉 선물이나 스왑 같은 복잡한 금융 도구를 활용해서 지수가 1% 움직일 때 내 계좌는 1.5~3배 혹은 반대 방향으로 움직이게끔 인위적으로 설계한 것입니다.

수익을 계산하는 기준점 또한 다릅니다. 일반 ETF는 매수 시점부터 매도 시점까지의 전체 지수 변동 폭이 중요합니다. 장기 투자를 하면 지수의 성장이 고스란히 수익으로 연결되죠.

하지만 레버리지와 인버스 ETF는 철저하게 하루 단위의 수익률을 추종합니다. 지수가 하루 오르고 하루 내리는 변동성을 반복하면, 계산 방식의 특성상 원금이 조금씩 깎여나가는 변동성 끌림변동성 잠식 현상이 발생하죠. 지수는 제자리인데 내 계좌만 마이너스가 되는 마법 같은 일이 벌어지는 이유가 바로 이 때문입니다.

마지막 차이점은, 시장을 바라보는 목적에 있습니다. 일반 ETF의 목적은 자산을 형성하는 것입니다. 그래서 시장의 우상향을 믿고 긴 호흡으로 저축하듯 투자하는 분들에게 적합합니다.

하지만 레버리지와 인버스 ETF는 수익 극대화와 위험 방어가 주된 목적입니다. 다시 말해, 상승 흐름이 확실할 때 수익을 극대화하거나레버리지, 하락장에서도 내 자산이 줄어드는 것을 막기 위한 도구인버스로 활용됩니다. 장기 보유하기 위한 상품이라기보다, 적절한 타이밍에 넣고 빼는 상품인 거죠.

구분	일반 ETF	레버리지 ETF	인버스 ETF
정의	특정 지수나 자산 가격을 그대로 추종하는 상장펀드	지수나 자산 가격의 **하루 수익률을 N배 추종**하는 상장펀드	지수나 자산 가격의 **하루 수익률과 반대 방향으로 1배 이상 추종**하는 상장펀드
목적	안정적이고 장기적인 자산 운용과 형성	공격적 투자를 통해 **단기 수익 극대화**	공격적 투자로 **하락장에서 수익 추구**
추종방식	지수나 자산 가격을 그대로 따라감	지수나 자산 가격의 **일일 수익률**을 정해진 정의 배수로 따라감 (ex. 2배, 3배)	지수나 자산 가격의 **일일 수익률**을 정해진 음의 배수로 따라감 (ex. –1배, –2배)
위험수준 (변동성)	중간~낮음 (지수나 자산 가격과 동일)	**높음** (지수나 자산 가격보다 N배 이상)	**높음** (지수나 자산 가격 상승 시 급락하여 최악의 경우 값이 0에 수렴할 가능성)
시장 지속 상승 시	수익 발생	**2배 이상 수익** 발생 가능	**1배 이하 손실** 발생 가능
사례	KODEX 200, QQQ	KODEX 레버리지, TQQQ	KODEX 인버스, SQQQ
투자 방식	중장기 (자산 형성)	단기 (데이 트레이딩)	단기 (데이 트레이딩)

레버리지와 인버스 ETF는 구조적으로 장기 투자에 적합하지 않은 상품입니다. 하루가 지나면 수익률 예측이 완전히 빗나갈 수 있고, 이로 인해 기

대와는 전혀 다른 결과가 나올 수 있기 때문이죠.

실제로 지난 2020년 3월, 국제 유가 급락으로 시장의 변동성이 극에 달하면서 유가 관련 레버리지·인버스 ETF에 투자한 많은 개인 투자자가 큰 손해를 입었습니다. 설령 일정 기간 지수가 상승하더라도 하루하루 변동성이 큰 상황에서는 레버리지·인버스 ETF가 큰 손실을 볼 수 있으니 투자 판단에 반드시 주의해야 합니다.

SUMMARY FILE (2)

일반 ETF와의 차이

- **일반 ETF** 시장 흐름과 함께 움직이며, 자산 형성 목적으로 중장기 투자.
- **레버리지·인버스 ETF** 짧은 순간의 변동성을 공략하며, 수익 극대화 또는 위험 방어를 목적으로 단기 투자.

✓ **CHECKLIST**

- **변동성의 역습** 지수가 제자리로 돌아와도 매일의 변동 폭 때문에 원금이 줄어들 수 있음을 인식했는가? 특히 변동성이 극심한 시장(V-자 반등이나 급등락 반복)에서는 레버리지 상품의 수익률이 지수 상승분을 전혀 따라가지 못할 수 있다.
- **위험 인지** 시장이 내 예상과 반대로 움직일 때 손실이 배로 커질 수 있음을 이해했는가?

국내외에서
최초로 출시되었던
레버리지·인버스 ETF는?

03

국내 주식시장에 가장 먼저 상장된 일반 ETF는 KODEX 200으로, 지난 2002년 10월 상장되었습니다. 그리고 국내 주식시장에 가장 먼저 출시된 레버리지·인버스 ETF는 2009년 9월 상장된 KODEX 인버스와 2010년 2월에 상장된 KODEX 레버리지입니다. 이 두 가지 상품은 국내 최초일 뿐만 아니라 아시아 최초로 상장된 레버리지·인버스 ETF이기도 합니다.

그렇다면 미국 주식시장 최초로 상장된 일반 ETF와 레버리지·인버스 ETF는 무엇일까요?

가장 먼저 출시된 일반 ETF는 글로벌 ETF 운용사인 스테이트 스트리트STT가 출시한 **스파이더 S&P 500 ETF 트러스트**SPDR S&P 500 ETF Trust (SPY)로 1993년 1월에 상장되었습니다. **스파이더 S&P 500 ETF 트러스트**이하 SPY는 S&P 500 지수에 속한 모든 주식을 지수 내 비중인 시가총액 가중 비중에 맞춰 보유합니다. 운용자산 규모는 6,690억 달러이며,

동일하게 S&P 500 지수를 추종하는 뱅가드 S&P 500 ETFVanguard S&P 500 ETF(VOO) 8,582억 달러와 아이셰어즈 코어 S&P 500 ETFiShares Core S&P 500 ETF(IVV) 6,712억 달러에 이어 세 번째로 큽니다.

세계 ETF의 효시와 레버리지·인버스 ETF의 탄생

참고로, 전 세계를 통틀어 가장 먼저 상장된 일반 ETF는 1990년 캐나다 토론토거래소에 상장된 **토론토 35 인덱스 파티시페이션 유니츠**Toronto 35 Index Participation Units로, 토론토거래소에 상장된 35개 대형주의 성과를 추종하며 현대 ETF의 원형이라 불리고 있습니다.

레버리지 ETF는 SPY가 출시된 이후 13년 만인 2006년 6월에 첫 상장되었습니다. 레버리지·인버스 ETF 전문 운용사인 프로셰어즈가 출시한 **프로셰어즈 울트라 S&P 500**ProShares Ultra S&P500(SSO)과 **프로셰어즈 울트라 QQQ**ProShares Ultra QQQ(QLD) 등 2개가 바로 미국 최초이자 세계 최초의 레버리지 ETF입니다.

프로셰어즈 울트라 S&P 500이하 SSO은 S&P 500 지수를 일별 수익률 2배로 추종하며 운용자산 규모는 81억 달러에 이릅니다. **프로셰어즈 울트라 QQQ**이하 QLD는 첫 챕터에서 잠깐 언급한 것처럼 나스닥 100 지수를 2배 추종하며 운용자산 규모가 108억 달러에 달합니다.

이어서 인버스 ETF는 SSO와 QLD가 상장된 2006년 6월에 함께 출시되었죠. 프로셰어즈가 SSO와 QLD의 짝으로 함께 출시한 **프로셰어즈 숏 S&P 500**ProShares Short S&P 500(SH)과 **프로셰어즈 숏 QQQ**ProShares Short QQQ(PSQ)가 그것입니다. SSO와 QLD와 마찬가지로, 이들이 미국과 세계 최초의 인버스 ETF입니다.

프로셰어즈 숏 S&P 500이하 SH은 S&P 500 지수의 일별 수익률을 역의 방향으로 1배 추종하고, **프로셰어즈 숏 QQQ**이하 PSQ는 나스닥 100 지수의 일별 수익률 역의 방향으로 1배 추종합니다. 이들의 운용자산 규모는 SH가 10억 달러, PSQ는 5억 달러에 달합니다.

■ 국내외 최초 상장 ETF 연표

구분	세계 / 미국 최초	대한민국 최초
일반 ETF	캐나다(1990년) **SPY**(1993년 1월, 미국)	**KODEX 200**(2002년 10월)
레버리지 ETF	**SSO, QLD**(2006년 6월)	**KODEX 레버리지**(2010년 2월)
인버스 ETF	**SH, PSQ**(2006년 6월)	**KODEX 인버스**(2009년 9월)

ETF의 역사

- 1990년 캐나다에서 시작된 ETF는 1993년 미국의 SPY를 통해 대중화됨.
- 2006년 프로셰어즈가 최초의 레버리지·인버스 상품을 선보임.
- KODEX 레버리지와 KODEX 인버스는 국내 최초를 넘어 아시아 최초로 상장된 레버리지·인버스 ETF.

가장 큰
레버리지·인버스 ETF는
무엇인가요?

04

　ETF를 선택할 때 가장 먼저 확인해야 할 지표 중 하나는 운용자산AUM 규모입니다. 자산 규모가 크다는 것은 그만큼 많은 투자자들에게 신뢰를 얻고 있다는 증거이자, 원할 때 좀 더 쉽게 사고팔 수 있는 유동성이 확보되어 있다는 뜻이죠.

　운용자산 규모를 기준으로 전 세계에서 가장 큰 일반 ETF와 레버리지·인버스 ETF를 살펴보면, 옆의 표와 같습니다.

　일반 ETF 시장을 보면 S&P 500을 추종하는 VOO, IVV, SPY 등이 수천억 달러 단위의 압도적인 규모를 자랑합니다. 그러다 보니 레버리지·인버스 ETF 시장이 상대적으로 작게 느껴지는데요. 레버리지 시장의 대장격인 TQQQ조차 VOO 운용자산 규모의 약 30분의 1 수준입니다.

　레버리지 ETF들은 그 운용자산 규모 대비 거래량이 높은 편입니다. 앞서 짚어 보았던 것처럼 단기적인 거래 목적으로 투자하기 때문이죠. 그럼에도 불구하고 운용자산 규모가 큰 상품들의 거래량이 높기에, 운용규모를 잘 찾아보는 것이 중요합니다.

■ 운용자산 기준 일반·레버리지·인버스 ETF TOP 5

순위	일반 ETF (1배)	레버리지 ETF (N배)	인버스 ETF (-N배)
1	뱅가드 S&P 500 ETF VOO (S&P 500 추종) 운용자산 8,582억 달러	프로셰어즈 울트라프로 QQQ TQQQ (나스닥 100 3배 추종) 운용자산 302억 달러	프로셰어즈 울트라프로 숏 QQQ SQQQ (나스닥 100 -3배 추종) 운용자산 20.9억 달러
2	아이셰어즈 코어 S&P 500 ETF IVV (S&P 500 추종) 운용자산 7,042억 달러	디렉시온 데일리 반도체 불 3X 셰어즈 SOXL (ICE 반도체 3배 추종) 운용자산 125억 달러	디렉시온 데일리 반도체 베어 3X 셰어즈 SOXS (ICE 반도체 -3배 추종) 운용자산 11억 달러
3	스파이더 S&P 500 ETF 트러스트 SPY (S&P 500 추종) 운용자산 6,690억 달러	프로셰어즈 울트라 QQQ QLD (나스닥 100 2배 추종) 운용자산 108억 달러	프로셰어즈 숏 S&P 500 SH (S&P 500 -2배 추종) 운용자산 10억 달러
4	뱅가드 토탈 스탁 마켓 ETF VTI (미국 주식시장 전체 추종) 운용자산 5,698억 달러	프로셰어즈 울트라 S&P 500 ETF SSO (S&P 500 2배 추종) 운용자산 81억 달러	프로셰어즈 숏 QQQ PSQ (나스닥 100 -1배 추종) 운용자산 5억 달러
5	인베스코 QQQ 트러스트 QQQ (나스닥 100 추종) 운용자산 3,841억 달러	디렉시온 데일리 테슬라 불 2X 셰어즈 TSLL (테슬라 2배 추종) 운용자산 62억 달러	프로셰어즈 울트라 숏 S&P 500 SDS (S&P 500 -2배 추종) 운용자산 3.3억 달러

한 가지 흥미로운 점은 글로벌 레버리지 ETF 시장에서 한국 투자자들이 차지하는 비중입니다. 국내 서학개미들 사이에서 TQQQ와 SOXL은 매년 순매수 상위권에서 빠지지 않는 단골 종목이죠.

특히 나스닥 100 3배 레버리지인 TQQQ와 미국 반도체 지수 3배 레버리지인 SOXL의 경우, 전체 거래량의 상당 부분때로는 10~20% 이상이 한국 투자자로부터 나온다는 분석이 있을 정도입니다. 그만큼 한국인의 공격적 투자 성향은 전 세계적으로 유명합니다. 화끈한 수익률을 선호하는 한국인의 투자 DNA가 글로벌 레버리지 ETF 시장의 거대한 축을 담당하고 있는 셈인데, 남들이 많이 산다고 해서 결코 안전한 것이 아님을 명심하고 투자에 주의를 기울여야겠습니다.

ETF의 운용 규모가 중요한 이유

- 거래량이 높은 레버리지 ETF일수록 투자자들이 원하는 시점에 매수 혹은 매도를 하기 용이하다. 거래량이 낮은 레버리지 상품은 투자에 주의를 요할 필요가 있다.

✔ **CHECKLIST**

☐ **운용자산 확인**　내가 선택한 상품은 충분한 운용자산 규모를 갖추어 거래가 원활한 상태인가?

단일 종목
레버리지·인버스 ETF는
어떤 것인가요?

05

기존의 레버리지·인버스 ETF가 나스닥 100이나 S&P 500 같은 지수나 특정 섹터 전체를 추종했다면, 최근에는 오로지 하나의 기업에 집중하는 단일 종목 레버리지·인버스 ETF가 등장해 큰 관심을 끌고 있습니다.

단일 종목 레버리지·인버스 ETF Single-Stock Leveraged and/or Inverse ETFs는 주식시장에 상장된 1개 종목을 기초로 하여 개발한 집중 투자형 상품입니다. 지난 2018년 유럽 주식시장에서 가장 먼저 등장한 이후, 미 증권거래위원회SEC의 제도 변경과 조건 완화를 통해 2022년 7월부터 출시가 허용되면서 여러 자산운용사가 다양한 상품을 선보이고 있죠.

미국 주식시장에 상장된 최초의 단일 종목 레버리지·인버스 ETF는 2022년 7월 14일, AXS 인베스트먼트AXS Investments가 출시한 **AXS 테슬라 베어 데일리 ETF** AXS TSLA Bear Daily ETF(TSLQ)를 포함한 8개 상품입니다. 모두 나스닥 거래소에 상장되었습니다.

ETF 이름	종목코드	기초 종목	방향 및 배수	운용자산 규모
AXS TSLA Bear Daily	TSLQ	테슬라 (TSLA)	-1배 (현재 -2배로 변경)	1.79억 달러
AXS NVDA Bear Daily	NVDS	엔비디아 (NVDA)	-1.25배 (현재 -1.5배로 변경)	2,765만 달러
AXS PYPL Bear/ Bull	PYPS PYPT	페이팔 (PYPL)	-1.5배 +1.5배	상장폐지
AXS NKE Bear/ Bull	NKEQ NKEL	나이키 (NKE)	-2배 +2배	상장폐지
AXS PFE Bear/ Bull	PFES PFEL	화이자 (PFE)	-2배 +2배	상장폐지

급성장하는 시장 규모와 M7의 위력

출시 초기에는 우려의 목소리도 컸지만, 단일 종목 ETF 시장은 폭발적으로 성장했습니다. 특히 테슬라(TSLA)와 엔비디아(NVDA) 같은 이른바 M7 매그니피센트 7 종목들에 대한 투자 열기가 대단하죠.

현재는 디렉시온Direxion, 그래닛셰어즈GraniteShares, 티-렉스T-Rex 등 여러 운용사가 가세하며 1.5~2배 정방향 레버리지 상품들이 주류를 이루고 있습니다. 초기에는 1.25배, 1.5배 등으로 상장되어 운용되던 중, 티-렉스가 최초로 2배 레버리지 및 인버스 ETF인 TSTL, NVDX등을 출시하며

2배 레버리지 상품의 길을 열었습니다. 현재 테슬라 2배 레버리지인 TSLL
이나 엔비디아 2배 레버리지인 NVDL 등은 각각 수십억 달러의 운용자산
을 기록하며 웬만한 지수형 ETF 못지않은 체급이 되었고요.

■ 주요 단일 종목 레버리지·인버스 ETF TOP 5

ETF 이름	종목코드	기초 종목	방향 및 배수	운용자산 규모
Direxion Daily TSLA Bull 2X	TSLL	테슬라 (TSLA)	+2배	62억 달러
GraniteShares 2x Long NVDA Daily	NVDL	엔비디아 (NVDA)	+2배	43억 달러
Direxion Daily MSFT Bull 2X	MSFU	마이크로소프트 (MSFT)	+2배	7억 달러
T-Rex 2X Long Nvidia Daily Target	NVDX	엔비디아 (NVDA)	+2배	5억 달러
Tradr 1.5X Short NVDA Daily	NVDS	엔비디아 (NVDA)	-1.5배	2,765만 달러

국내 투자자들에게도 이 상품들은 매우 인기가 높습니다. 한국 예탁결제
원 자료를 보면, 서학개미들이 가장 많이 보유한 종목 상위권에 늘 TSLL,
NVDL, MSTU가 포함돼 있으니까요.

한편, 그동안 국내 주식시장에서는 개별 종목의 수익률을 배수로 추종
하는 레버리지 ETF가 허용되지 않았습니다. ETF는 최소 10개 이상의 종
목으로 구성해야 하며, 단일 종목 비중이 30%를 넘지 못하게 한 분산 투

자 규제 때문입니다.

하지만 곧 국내 ETF 시장에도 대전환이 일어날 전망입니다. 2026년 1월 28일, 금융위원회는 해외 상장 ETF와의 규제 비대칭을 해소하고 국내 자본시장의 경쟁력을 높이기 위해 국내 우량주 단일 종목 레버리지 ETF 상장을 전격 허용할 것이라 발표했습니다. 이르면 2026년 내에 삼성전자, SK하이닉스, 현대자동차 등 국내 시가총액 상위 우량주를 기초 자산으로 하는 2배 레버리지·인버스 상품이 국내 증시에 상장될 것으로 보입니다.

SUMMARY FILE (5)

단일 종목 레버리지·인버스 ETF

- **단일 종목 ETF** 지수가 아닌 특정 1개 종목의 변동성에 배수로 베팅하는 상품.
- **종목의 양극화** 단일 종목 ETF 시장은 사실상 엔비디아와 테슬라가 전체 자금의 절반 가까이를 차지하고 있으나, 다양화가 이루어지고 있음.

✓ **CHECKLIST**

☐ **기업 리스크** 지수는 구성 종목이 많아 위험이 분산되지만, 단일 종목 ETF는 해당 기업의 악재 하나에 막대한 영향을 받을 수 있음을 이해했는가?

레버리지·인버스 ETF는
거래 전에
교육을 받아야 한다던데요?

06

사고 싶은 종목을 찾았는데, 주문이 안 된다고요? 레버리지나 인버스 ETF에 처음 도전하는 투자자들이 가장 많이 당황하는 순간입니다. 국내 금융당국은 고위험 상품으로부터 투자자를 보호하기 위해 일정한 자격 요건을 요구하고 있습니다.

특히 최근에는 국내뿐만 아니라 해외 주식시장에 상장된 ETF와 ETN에 대한 개인 투자자들의 거래가 증가하면서 그에 따른 손실 우려도 크게 확대되고 있는데요. 이에 그동안 국내 레버리지 ETF에만 적용되던 사전 교육 의무가 해외 주식시장미국, 일본 등에 상장된 레버리지·인버스 상품으로 확대되었습니다. 금융감독원은 투자자의 과도한 위험 노출을 방지하고 투자 책임의식을 높이고자, 최소한의 보호장치로써 1시간의 사전 교육을 의무적으로 이수하도록 제도를 변경했습니다.

● **대상** 해외에 상장된 레버리지·인버스 ETF 및 ETN에 처음 투자하려는 개인

투자자.

- **예외** 2025년 12월 15일 이전에 국내외 레버리지 상품을 한 번이라도 거래
한 경험이 있는 투자자는 기존처럼 교육 없이 매매가 가능함.

이처럼 2025년 12월 15일부터 새로이 해외 주식시장에 상장된 레버리지·인버스 ETF에 투자하려는 개인 투자자는 금융투자교육원에서 사전 온라인 교육을 이수한 후 거래 증권사에 이수번호를 등록해야 하는데요, 아래와 같은 절차에 따라 진행하면 됩니다.

사전 교육 및 등록 절차 3단계

사전 교육을 받고 등록하는 방법은 생각보다 간단합니다.

교육 신청과 수강(금융투자교육원 홈페이지) → **이수번호 확인** → **증권사 등록**

1단계 우선 금융투자교육원 www.kifin.or.kr에 접속해 회원가입 후 '[사전교육] 국내외 레버리지 ETP(ETF/ETN) 가이드' 과정을 선택해 수강 신청합니

금융투자교육원 www.kifin.or.kr

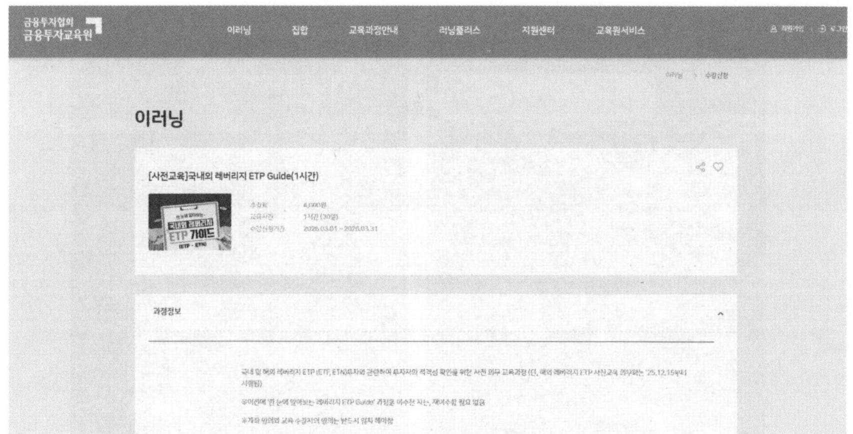

금융투자교육원 홈페이지의 이러닝 코너에서
'국내외 레버리지 ETP 가이드(ETF, ETN)'을 수강한다.

다. 수강료는 4,000원이며, 대략 1시간의 강의를 듣고 수료증을 발급받습니다. 수강 신청 후에는 한 달 이내에 수강을 완료해야 합니다.

2단계 강의를 모두 듣고 수료했다면, 마이페이지에서 '종료 과정'을 클릭합니다. 해당 과정의 수료증을 선택하면, 이수번호 14자리가 발급됩니다.

3단계 거래 증권사에 이수번호 등록할 차례입니다. 거래하는 증권사의 HTS 또는 MTS에서 '거래 신청'이나 '거래 등록' 또는 '교육이수 등록'을 검색한 후 해당 화면에 접속하여 발급받은 이수번호 14자리를 입력해 등록합니다. 등록 후 승인이 완료되면 레버리지·인버스 ETF 매매가 가능합

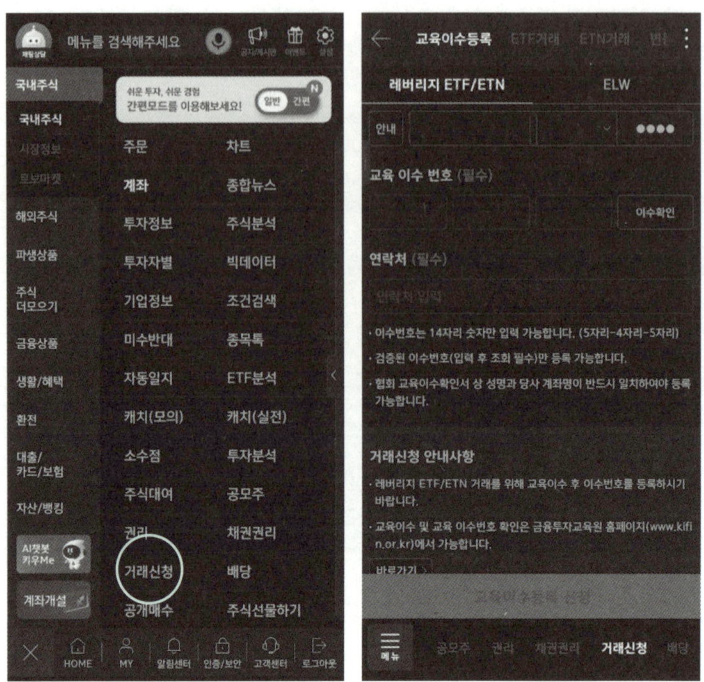

이수번호 등록 화면 (이미지는 키움증권 MTS '영웅문S#')

니다. 단, 거래하는 증권사가 여러 곳이라면 증권사마다 이수번호를 각각 등록해야 합니다.

참고로, 국내 주식시장에 상장된 레버리지·인버스 ETF에 투자하기 위해서는 사전 의무 교육 1시간과 함께 적용 단계에 따른 기본 예탁금도 충족해야 합니다. 기본 예탁금의 경우, 증권사에 따라 그 기준이 다를 수 있으므로 자세한 사항은 거래 증권사에 확인하기 바랍니다.

     유튜버들은 절대 알려주지 않는 **레버리지 ETF의 34가지 비밀**

레버리지·인버스 ETF를 위한 교육 이수 방법

- 레버리지·인버스 ETF는 공부한 투자자만 참여할 수 있음.
- 2025년 말부터 국내외 상품 교육이 통합되어 한 번의 교육으로 양쪽 시장 모두 거래가 가능함.

✓ CHECKLIST

☐ **유효 기간 확인** 교육 신청 후 한 달 이내에 수강을 완료했는가? (미완료 시 재신청 필요)

☐ **증권사별 등록** 거래하는 증권사마다 이수번호를 등록했는가?

☐ **예탁금 충족** 국내 레버리지·인버스 ETF 매수 시 잔고 부족으로 주문이 거부되지 않도록 예탁금 기준을 확인했는가?

인버스 ETF는
공매도와
같은 건가요?

07

주가 하락에 베팅하여 수익을 낸다는 점 때문에 인버스 ETF와 공매도를 같은 개념으로 오해하는 경우가 많습니다. 하지만 두 가지는 '주식을 빌리느냐 아니냐'라는 본질적인 차이부터 거래 편의성, 접근성, 리스크 구조까지 판이합니다.

주식을 빌려 파는 공매도 vs. 하락에 베팅하는 인버스 ETF

공매도short selling는 보유하고 있지 않은 주식을 빌려서 먼저 팔고, 나중에 해당 주식을 판 가격보다 낮은 가격에 사서 갚는 방식입니다. 돈을 빌리는 것이 아닌 주식을 빌려서 미리 팔고, 이후에 주가가 떨어지면 판 가격보다 더 싸게 사서 빌린 곳에 갚음으로써 수익을 남기게 되죠.

공매도는 크게 두 가지로 나뉩니다. 한국예탁결제원이나 한국증권금융

유튜버들은 절대 알려주지 않는 **레버리지 ETF의 34가지 비밀**

등 제삼자로부터 주식을 빌려서 매도하는 차입 공매도커버드 숏셀링·covered short selling와 주식을 보유하지 않은 채 매도 주문을 내는 무차입 공매도 네이키드 숏셀링·naked short selling가 그것인데요, 우리나라에서는 차입 공매도만 허용되고 있습니다.

개인 투자자의 경우, 거래하고 있는 증권사를 통해 주식을 빌려 매도하는 대주거래가 가능합니다. 실제로 대주거래는 수수료가 상대적으로 비싸고, 증권사 보유 주식에 한정하여 대주종목을 제공하기 때문에 거래에 제한이 있습니다. 또한 신용거래 약정을 체결하고, 1시간가량의 사전 교육과 1시간 이상의 모의 거래를 이수해야 하는 데다, 이후 증권사에 이수번호를 입력하여 등록해야 합니다.

공매도는 주가의 합리적 형성에 기여한다는 장점을 가집니다. 그러나 증시 변동성을 키우고 외국인과 기관의 불공정거래 수단으로 이용될 수 있다는 비판 또한 개인 투자자 중심으로 계속 이어지고 있습니다. 실제로 글로벌 투자은행의 무차입 공매도가 적발되면서 지난 2023년 11월 6일부터 2025년 3월 30일까지 공매도가 전면 금지되기도 했습니다.

반면 인버스 ETF는 투자자들이 주식을 빌릴 필요가 없습니다. 일반 주식을 사듯 매수 버튼만 누르면 지수나 종목이 하락할 때 수익이 나도록 설계된 펀드 상품입니다. 파생상품선물 등을 활용해 역방향 수익률을 복제하기 때문에 개인 투자자 입장에서 접근성이 훨씬 뛰어나며, 공매도 금지 조치와 상관없이 거래가 가능하다는 장점도 있습니다.

■ **공매도**(대주거래)**와 인버스 ETF 거래**

구분	공매도(대주거래)	인버스 ETF 거래
수익 추구	개별종목의 하락	지수의 하락 (단일 종목 인버스 ETF의 경우에는 특정 개별종목의 하락을 통해 수익을 추구)
수익 실행	대주매도 → 주가 하락 확인 → 대주매수	매수 → 지수 하락 → 매도
최대 손실금액	제한 없음	투자원금 한도로 최대 손실
최소 투자금액	3,000만 원 (신규 투자자 기본예탁금)	없음
수수료	상대적으로 높음	상대적으로 낮음
사전 절차	신용거래 약정, 사전 교육, 모의 거래	사전 교육

공매도와 인버스 ETF의 차이

- **공매도** 빌려서 먼저 팔고, 나중에 사서 갚는 대여 형태의 투자.
- **인버스 ETF** 하락하면 가치가 오르는 상품을 직접 사는 매수 형태의 투자.
- 인버스 ETF는 모의 거래가 필요 없지만, 공매도(대주거래)는 모의 거래 이수가 필수이다.

ETP 그리고 ETN은 무엇인가요? ETF와 어떤 차이점이 있나요?

08

ETF 외에도 ETP, ETN, ETC 등 알파벳 한 끗 차이의 용어들을 들어보셨을 겁니다. 모두 거래소에서 주식처럼 사고팔 수 있는 것으로, 이를 통칭하는 개념이 바로 ETP입니다.

ETP란, Exchange Traded Product의 줄임말로, 우리말로는 '상장지수상품'입니다. ETP의 범주에 포함되는 상품들의 이름 또한 풀어볼까요? ETF는 Exchange Traded Fund상장지수펀드의 줄임말이고, ETN은 Exchange Traded Note상장지수증권, ETC는 Exchange Traded Commodity상장지수상품의 줄임말이죠. (참고로 미국에서는 ETC라는 용어를 공식적으로 사용하지 않고, ETF나 ETN으로 분류하는 반면, 유럽에서는 엄격하게 구분하고 있습니다.)

그런데 ETN상장지수증권과 ETF는 알파벳 한 글자 차이로 이름은 비슷하나 성격은 완전히 다릅니다. ETF가 자산운용사가 만든 펀드인 데 비해,

ETN은 발행기관인 증권사가 자체 신용을 기반으로 발행하여 주식시장에 상장하는 일종의 채권 상품이거든요. 실제 자산을 보유하지 않고 발행사가 수익을 보장하겠다고 약속하는 구조를 가지기 때문에 발행사가 망할 경우 투자금액을 모두 잃을 가능성이 있습니다.

- **구조적 차이** ETF는 투자자의 돈을 별도의 수탁은행에 맡겨 안전하게 보관 신탁하지만, ETN은 증권사가 그 자금을 직접 운용한다.
- **위험성** 따라서 ETN은 발행한 투자은행이나 증권사가 부도가 나거나 파산하면, 상품의 가격지수이 아무리 올랐어도 투자자는 돈을 제대로 돌려받지 못할 위험이 있다.

글로벌 및 국내 ETN 시장의 현주소

ETN은 지난 2000년 5월 이스라엘에서 처음 발행된 것으로 알려져 있는데요, 2006년 6월 미국에서 첫 상장이 이루어진 후 2009년 12월에 독일을 중심으로 유럽에서도 발행되기 시작했습니다.

주로 지수 추종이 어려운 원자재나 복잡한 레버리지 전략을 구현하는 용도로 사용되었는데요. 2010년대 들어 다양한 기초 자산과 전략을 반영한 ETN이 등장하는 가운데, 우리나라에서도 2014년 11월 첫 개설되었고 여러 증권사가 다양한 ETN을 선보이며 성장해 왔습니다. 2024년 11월 기

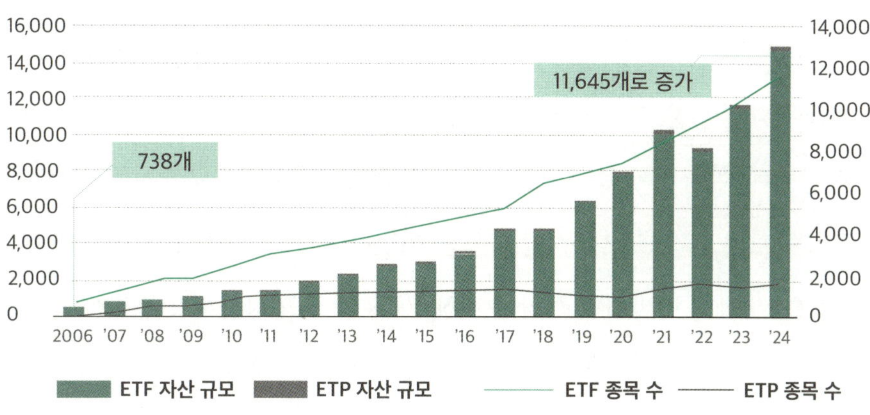

글로벌 ETP 시장 규모 추이

(자료 : etfgi.com)

준으로 지난 10년간 국내 ETN 시장은 시장가치 36배, 상장 종목 수 40배, 일평균 거래대금 527배를 기록하면서 시장가치의 경우 미국에 이어 세계 두 번째 시장을 형성하고 있죠.

하지만 전체 시장규모는 ETF의 10% 수준에 불과하고, 전체 상품의 3분의 2 이상이 레버리지·인버스 상품에 편중되어 있습니다. 2025년 9월 기준 국내 ETN 시장의 지표가치총액은 17조 7,000억 원, 상장 종목 수 406개, 일평균 거래대금 1,440억 원을 기록 중입니다.

미국 ETN 시장은 지난 2022년 7월 이전까지 미국 증권거래위원회SEC가 프로셰어즈와 디렉시온 외 자산운용사의 레버리지 ETF 출시를 불허함에 따라, 레버리지 상품을 만들고 싶은 증권사들이 주로 ETN을 발행해 상장함으로써 성장해 왔습니다. 2006년 6월 바클레이스가 출시한 아이패스iPath ETN 시리즈를 시작으로 형성된 ETN 시장은 추종하기 어려운 지수나 원자재 선물, 그리고 레버리지 전략 등 기초 자산에 대한 접근이 어려운 분야에 대한 투자 수단으로 개발되었습니다. 2025년 9월 기준 330억 달러 규모로 성장했으나, 시장 규모는 여전히 ETF의 0.3%에 불과합니다.

ETF 시장의 폭발적인 성장에 비해 ETN 시장의 성장세가 부진한 가장 큰 원인은, ETF 투자 대비 ETN 투자에 보다 많은 주의가 필요하기 때문입니다. 앞서 설명한 것처럼 ETF는 자금을 외부 수탁은행에 맡겨야 하므로 투자자의 자금이 안전하게 보관되지만, ETN은 발행 증권사가 파산할 경우 ETN 가격과 상관없이 투자자들이 투자금을 잃을 가능성이 있습니다.

잊지 못할 ETN 상장폐지의 기억

실제로 2008년 금융 위기 당시 미국 뉴욕증권거래소NYSE에 상장되었던 리먼 브라더스의 ETN이 상장폐지된 전례가 있습니다.

그리고 2018년 2월에는 미국 증시가 급락하면서 VIX 지수가 하루에 +115% 폭등함에 따라 VIX 연계 상품 중 하나였던 인버스 VIX ETN(XIV)에서 조기상환 조항이 발동되며 즉각 상장폐지되는 사건이 발생했고요.

또한 2020년 4월에는 서부텍사스산 원유WTI의 5월 인도분 선물 가격이 배럴당 -37.63달러를 기록하면서 사상 처음 마이너스를 기록했는데요. 당

     유튜버들은 절대 알려주지 않는 **레버리지 ETF의 34가지 비밀**

시 극심한 유가 변동성으로 인해 원유 투자 ETN에 투자한 대부분의 개인 투자자는 큰 손실을 볼 수밖에 없었죠. 여기에 과도한 괴리율에 따라 일부 ETN의 상장폐지가 결정되면서 개인 투자자의 손실은 더욱 커졌습니다.

이와 같이 ETN은 발행 투자은행이나 증권사의 신용도에 따른 신용위험이 있다는 점을 주의해야 합니다.

■ ETF와 ETN의 차이

구분	ETF	ETN
정의	자산운용사가 인덱스펀드를 거래소에 상장한 금융상품	증권사가 인덱스 수익률 지급, 채권을 거래소에 상장한 금융상품
만기	없음	있음 (만기도래 시 투자자는 채권 가격을 돌려받고, 증권사는 유사전략 채권을 재상장)
장점	투자금이 수탁은행에 별도 보관되어 안전	다양한 상품 구성이 가능
단점	운용자산 규모가 적을 경우, 유동성 우려와 함께 호가와 매도가 간 차이 발생으로 손실이 발생할 가능성	해당 채권을 발행한 증권사가 부도 시 투자금 반환이 불가할 가능성과 간혹 조기상환 조건에 부합해 상장폐지 이벤트가 발생할 가능성

참고로 2025년 초에는 젠슨 황 엔비디아 CEO가 양자 컴퓨팅에 대한 부정적인 발언을 내놓자 **아이온큐**(IONQ)가 -39% 급락하면서 영국 주식시장에 상장되어 **아이온큐** 주가를 3배 추종하는 상품인 **레버리지 셰어즈 3X 롱 IONQ ETP** Leverage Shares 3x Long IONQ ETP(ION3)에 -100% 이상의 손실이 발생하며 상장폐지되기도 했습니다.

ETP, ETF와 ETN이란?

- **ETP** ETF, ETN, ETC를 모두 아우르는 상장지수상품의 총칭.
- **ETN의 본질** 자산운용사가 아닌 증권사가 발행한 채권이며, 발행사의 신용이 곧 상품의 생명. ETF와 달리 만기가 있다. 시장이 급변할 때 발행사가 강제로 상품을 청산할 수 있다.

레버리지·인버스 ETF 기초 정복

- **레버리지 ETF** 기초 지수의 일별 수익률을 2~3배로 추종하는 정방향 상품.
- **인버스 ETF** 기초 지수의 일별 수익률을 -1배 혹은 그 이상으로 추종하여 하락장에서 수익을 내는 상품.

> 공매도와의 차이 : 주가가 무한히 오를 때 손실이 무한대인 공매도와 달리, 인버스는 투자 원금으로 손실이 한정되며, 주식을 빌리는(대주거래) 복잡한 과정 없이 일반 주식처럼 1주 단위로 매수 가능.

- **곱버스 ETF** 인버스에 레버리지를 더해 하락 시 2~3배의 수익을 노리는 고위험 상품들.
- **단일 종목 ETF** 지수가 아닌 테슬라, 엔비디아 등 특정 1개 종목의 변동성에 배수로 투자하는 상품.
- **ETF vs. ETN** ETF는 자산운용사가 만든 펀드, ETN은 증권사가 발행한 무담보 채권.

투자 전 필수 단계

- **사전 교육 이수** 2025년 12월부터 국내외 통합 교육이 의무화되어 금융투자교육원 1시간 과정을 수료해야 한다.
- **이수번호 등록** 교육 수료 후 발급받은 14자리 번호를 각 증권사 MTS 또는 HTS에 등록해야 매매가 가능하다.
- **기본 예탁금** 국내 레버리지 상품은 투자 등급에 따라 기본 예탁금이 필요하다.

PART 02

레버리지 ETF의 진짜 작동 원리

레버리지·인버스 ETF에서
2배, 3배는
어떻게 가능한 건가요?

09

레버리지 및 인버스 ETF는 투자 세계에서 고수익을 추구하는 매력적인 도구이지만, 그 이면에는 복잡한 금융 공학적 원리와 예상치 못한 위험이 숨어 있습니다. 이번 장에서는 '변동성 끌림Volatility Drag'과 같은 핵심 개념부터 실제 운용 방식, 규제 환경, 리스크 관리에 이르기까지, 레버리지·인버스 ETF의 총체적인 작동 방식에 관하여 알아보겠습니다.

레버리지 ETF에 관심을 가지게 되면, 곧이어 도대체 어떻게 2배로 추종하는 건지가 궁금해질 겁니다. 수익률이 2배라는 말은 직관적으로 이해되지만, 실제로 그것이 어떤 구조로 작동하는지 이해하는 사람은 드물죠. 그럴 수밖에 없는 것이, 레버리지 ETF는 여러분이 맡긴 돈을 토대로 투자 규모 자체를 몇 배로 키워내는 정교한 구조로 작동되기 때문입니다. 다시 말해, 레버리지 ETF는 투자자가 맡긴 돈 이외에 자금을 빌리거나, 미래의 가격을 미리 정해두는 계약을 이용해 투자 규모 자체를 키웁니다.

예를 들어, 100만 원으로 2배 레버리지 ETF에 투자했다면, 운용사는 여러분의 100만 원에 100만 원을 더 빌려 총 200만 원어치의 기초 자산을 매수합니다. 투자 원금은 100만 원이지만, 실제로는 200만 원어치 자산이 움직이는 셈이죠. 2배 수익 효과는 바로 이 구조에서 나옵니다.

반대로 인버스 ETF는 기초 자산을 빌려서 먼저 판 뒤, 가격이 내려가면 싸게 되사서 차익을 챙기는 공매도와 유사한 전략을 활용합니다. 주가가 떨어질수록 수익이 나는 구조입니다.

레버리지 ETF의 속사정, 파생상품과 차입

레버리지 ETF의 핵심은 파생상품Derivatives과 차입Borrowing을 활용하여 기초 지수 일일 변동성의 배수2배, 3배를 추종하는 데 있습니다.

가장 일반적인 방법은 선물Futures 계약이나 총수익 스왑Total Return Swaps, TRS을 이용하는 것입니다. 한국에 상장된 레버리지 및 인버스 ETF들은 선물 계약을 사용하는 것이 일반적이고, 반대로 미국의 경우는 총수익 스왑을 사용하는 경우가 일반적입니다.

운용사가 주식을 직접 사는 대신 파생상품을 활용하는 이유는 크게 두 가지, 효율성과 속도 때문입니다. 수백 개의 종목을 일일이 사고파는 것보다 선물이나 스왑 계약 한 번을 맺는 것이 거래 비용이 훨씬 저렴하죠. 게다가 시장 변화에 즉각 대응해 배수를 맞추기에도 유리하고, 적은 증거금만으로 큰 규모의 자산을 움직일 수 있기도 합니다.

■ 운용 방식 비교 : 선물 vs. TRS

구분	선물(Futures) 방식	총수익 스왑(TRS) 방식
정의	미래 특정 시점에 정해진 가격으로 사고팔기로 한 약속	서로 다른 수익 구조나 이자율 등을 일정 기간 바꾸는 계약
핵심 기제	거래소를 통한 표준화된 계약	대형 투자은행(IB)과의 사적 계약
주요 활용	한국 상장 레버리지 ETF	미국 상장(TQQQ, SOXL 등)
장점	투명한 거래, 낮은 신용 위험	운용 유연성, 다양한 기초 자산 설정 가능
단점	만기가 된 선물 계약을 다음 달 계약으로 교체하는 과정에서 롤오버 비용(증거금 관리) 발생	스왑 수수료(이자) 및 상대방 신용위험 존재

파생상품의 종류와 역할

선물 계약은 미래의 특정 시점에 특정 가격으로 자산을 사고팔기로 약속하는 표준화된 계약입니다. 적은 증거금Initial Margin만으로 큰 규모의 자산을 운용할 수 있어 내재적인 레버리지 효과를 제공합니다.

인버스 ETF의 경우, 기초 자산을 공매도하거나 선물 계약에서 매도 포지션Short Position을 취하는 방식으로 지수 하락에 베팅하는 구조를 사용합니다. 즉, 주가가 내릴 때 돈이 벌리지만, 이를 위해 운용사는 계속해서 매도 계약을 갱신해야 하죠. 시장이 횡보할 때 인버스 계좌가 조금씩 녹아내리는 이유 중 하나입니다.

총수익 스왑은 운용사또는 그 대리인가 대형 투자은행과 맺는 사적 계약입니다. 운용사는 상대방에게 약정된 이자고정 금리를 지급하는 대신, 기초 자산코스피 200 지수 등의 총수익가격 변동 + 배당금을 받습니다. 이 방식을 통해 운용사는 실제 현물 자산을 모두 보유하지 않고도 목표 배율만큼의 노출을 확보할 수 있습니다.

자본 구조

운용사가 레버리지 효과를 만드는 방식은 우리가 아파트 잔금을 치를 때와 비슷합니다. 내 돈만으로 집을 사기 어려울 때 은행 대출을 받는 것처럼, 운용사도 내 돈(E)Equity 자기 자본에 빌린 돈(D)Debt, 부채을 합쳐서 전체 투자금(A)Asset, 총자산의 덩치를 키웁니다.

2배 레버리지라면? 앞서 언급한 것처럼, 내가 100만 원을 투자했을 때, 운용사가 추가로 100만 원을 더 빌려와 총 200만 원어치 주식을 사는 식입니다. 결과적으로 전체 투자 규모(A)가 내 돈(E)의 딱 2배가 되도록 세팅하는 것이죠.

그런데 주가가 오르락내리락하면 내 돈의 가치도 변하게 되죠. 자칫 '내 돈 대비 빌린 돈'의 비율이 깨질 수 있습니다. 이에 대비하여 운용사는 부채비율을 항상 2배혹은 3배로 맞추기 위해 일반적으로 매일 장 마감 무렵 자산을 사고파는 일일 재조정리밸런싱 작업을 수행합니다.

 　　　　　　　　　유튜버들은 절대 알려주지 않는 **레버리지 ETF의 34가지 비밀**

리스크 관리, 안전장치는 필수

이렇게 남의 돈부채이나 복잡한 계약을 활용하다 보니, 운용사는 두 가지 숙제를 안게 됩니다.

첫째는 장중 유동성입니다. 사람들이 갑자기 ETF를 대량으로 팔 때, 빌려놓은 자산들을 즉시 처분해 현금을 만들어줄 수 있는 능력이 있어야 합니다.

둘째는 상대방 위험Counterparty Risk입니다. 돈을 빌려주기로 하거나 수익을 약속한 은행이 갑자기 망해 버리면 큰일 나겠죠? 그래서 운용사는 거래하는 은행의 신용도를 늘 모니터링하고, 만약의 사태를 대비해 담보 Collateral를 설정하는 등 철저한 안전장치를 마련해 둡니다. 상대방 부도 시 손실을 최소화하기 위해서 말이죠.

SUMMARY FILE (9)

레버리지 ETF의 기본 작동 원리

- **레버리지의 마법** 내 돈과 빌린 돈을 합쳐 규모를 키우는 지렛대 원리.
- **파생상품 활용** 한국은 주로 선물을, 미국은 주로 스왑을 통해 이 지렛대를 만든다.
- **핵심은 일일 재조정** 배수를 맞추기 위해 매일 자산을 사고판다(그 과정에서 비용이 발생함).

레버리지·인버스 ETF의
운용 방식이
궁금해요

10

레버리지 ETF를 이해하는 핵심 열쇠는 일일 재조정Daily Rebalancing이라는 자동 조절 장치입니다.

운용사는 일반적으로 매일 장 마감 직전에 빚의 규모나 계약 내용을 손봐서, 다음 날 아침에는 다시 정확히 2배 또는 3배의 효과를 낼 수 있는 상태로 맞춰 놓습니다. 이 조정은 매 거래일 반복됩니다. 하루 단위로 목표 배수를 정확하게 유지하지 않으면, 레버리지·인버스 ETF가 약속한 수익률을 만들어 낼 수 없기 때문입니다.

이해를 돕기 위해 비유를 들어 보겠습니다. 매일 아침, 그날 자기 몸무게의 정확히 2배에 해당하는 짐을 들고 출발해야 하는 임무가 생겼다고 상상해 보세요.

1일 차 아침에는 몸무게 70kg에 짐 140kg으로 출발합니다.

그런데 하루 일과를 마치고 나니 에너지를 소모해 몸무게가 69kg으로 줄었습니다. 짐은 그대로 140kg이니, 이제 몸무게의 2배인 138kg을 넘어선 상태입니다.

다음 날 아침에도 '몸무게의 딱 2배'를 맞추려면, 밤사이 짐을 138kg으로 줄여야 합니다.

레버리지 ETF도 마찬가지입니다. 하루 동안 시장이 움직이면 목표 배수가 틀어지고, 운용사는 매일 밤 이를 다시 맞춰 놓습니다. 이것이 바로 일일 재조정입니다.

재조정의 3단계

조금 더 깊이 들여다보겠습니다. 운용사는 보통 거래일마다 장 마감 시점에 포트폴리오를 재조정해, 다음 날 시장이 열릴 때 목표 배율이 정확히 유지되도록 합니다. 다만 이 과정은 동시에, 장기 보유 시 실제 수익률이 기대한 배수에 미치지 못하는 변동성 끌림 현상의 원인이 되기도 합니다. (이 부분은 뒤에서 자세히 다루겠습니다.)

일일 재조정은 크게 세 단계로 흘러갑니다.

장 시작 전, 운용사는 목표 배율에 맞게 파생상품선물·스왑과 현물 자산의 비중을 설정합니다. 2배 레버리지 ETF라면 보유 순자산의 2배 규모에 해당하는 시장 노출Exposure을 만드는 것에서 하루가 시작됩니다.

장중에는 기초 자산 가격이 오르내리면서 레버리지 비율이 목표치에서 조금씩 벗어납니다.

- **지수 상승 시** 레버리지 비율이 상대적으로 낮아져 목표 배수에 못 미치게 됨.
- **지수 하락 시** 레버리지 비율이 과도하게 높아져 위험이 커짐.

장 마감 후에는 운용사가 틀어진 비율을 되돌려 놓습니다. 기초 자산이 오른 날에는 파생상품이나 현물 자산을 추가로 사들이고, 내린 날에는 일부를 팔아 목표 배율을 복원합니다. 시장이 매우 급변하는 상황에서는 장 중에도 긴급 재조정을 실시해 위험을 관리합니다.

일일 재조정이 중요한 이유

재조정이 매일 이루어진다는 사실은, 레버리지 ETF가 근본적으로 단기 트레이딩을 위해 설계된 상품임을 의미합니다. 일일 재조정을 함으로써, 투자자들이 상품 설계 과정에서 결정된 2배 혹은 -1배 등 정해진 배율만큼 '일일' 수익율을 기대할 수 있도록 하는 것이죠. 하루 이상 보유하게 되면 재조정 과정에서 복리 효과가 누적되며, 기대했던 배수만큼의 수익률이 나오지 않을 수 있습니다.

또한 매일 재조정을 하다 보면, 상승 추세에서도 매일 자산을 일부 팔아야 할 때가 있고, 하락 추세에서 오히려 자산을 추가로 사야 할 경우도 생김

 유튜버들은 절대 알려주지 않는 **레버리지 ETF의 34가지 비밀**

니다. 사서 오래 기다리는 일반적인 투자 방식과는 본질적으로 다른 것입니다. 그래서 레버리지 ETF를 장기 보유 수단으로 오해하면, 예상치 못한 결과를 마주할 수 있습니다.

레버리지 ETF 작동의 핵심 열쇠, 일일 재조정

- **일일 재조정** 기초 자산의 하루 변동률에 배수를 맞추기 위해 매일 장 마감 시점에 파생상품 계약 등을 통해 노출액을 다시 설정하는 것. 즉, 매일 밤 0점으로 다시 맞추는 과정.
- 일일 재조정은 방향성이 뚜렷한 장에서는 큰 수익을 주지만, 지수가 지그재그로 움직이는 횡보장에서는 재조정 비용으로 인해 야금야금 자산을 잃게 된다.

✓ **CHECKLIST**

☐ **일일 재조정의 진짜 의미** 운용사가 매일 밤 재조정을 해준다는 것은, 오늘 얻은 수익이 내일도 그대로 2배로 불어난다는 뜻이 아니라 '내일 아침 다시 원점에서 2배를 시작한다'는 뜻임을 이해했는가?

11

변동성 끌림이란 무엇이며, ETF에 어떤 영향을 주나요?

앞서 살펴본 것처럼, 레버리지 ETF는 매일 밤 목표 배수를 맞추기 위해 포트폴리오를 재조정합니다. 그런데 이 재조정이 매일 반복되다 보면, 생각지 못한 곳에서 조금씩 손실이 쌓이기 시작합니다.

그렇게 어느 날 계좌를 열었더니, 분명히 지수는 한 달 전과 비슷한 수준인데, 계좌 잔고는 눈에 띄게 줄어 있는 상황. "지수가 제자리로 돌아왔으니 나도 본전이겠지"라는 기대가 보기 좋게 빗나가고 당혹감을 느끼게 되는 이 상황을 가리키는 용어가 바로 '변동성 끌림'입니다. 혹은 '음의 복리 효과'라고 부르기도 하는데, 같은 개념입니다.

변동성 끌림Volatility Drag은 시장이 위아래로 출렁거리며 제자리걸음을 할 때, 레버리지 ETF의 가치가 조금씩 깎여나가는 현상입니다. 오르막을 올랐다 내려오면 본전이어야 할 것 같지만, 실제로는 조금씩 뒤로 밀려나는 것과 비슷합니다. 시장의 움직임변동성이 클수록 이 손실은 눈덩이처럼 불어나며, 장기 투자 시 수익률을 갉아먹는 주범이 됩니다.

변동성 끌림이 중요한 이유

레버리지 ETF의 장기 성과가 기초 지수 장기 성과의 배수2배, 3배와 일치하지 않는 건 대개 변동성 끌림 때문입니다. 복리 효과Compounding Effect와 변동성Volatility이 맞물리면서 구조적인 손실이 발생하는 것이죠. 이는 기초 지수가 횡보하거나 등락을 반복하는 환경에서 매일 이루어지는 재조정 과정 중에 손실이 조금씩 쌓이는 방식으로 나타납니다.

기초 지수가 100포인트에서 출발해 이틀간 오르내렸다고 해 볼까요?

1일차는 상승장입니다. 지수가 10% 오를 때, 레버리지 ETF는 기분 좋게 20% 수익을 냅니다. 투자자는 "역시 레버리지야!"라고 생각하며 본인이 투자한 100만 원에서 120만 원이 된 것에 만족하죠.

그런데 이틀날, 조정장이 옵니다. 지수가 원래 자리인 100으로 돌아오면서 9.09% 하락한 거죠. 이 경우, 레버리지 ETF는 이미 커진 덩치120만 원를 기준으로 9.09%의 2배 손실 폭인 18.18%가 깎입니다.

$$120만 원 \times (1 - 0.1818) = 98.18만 원$$

최종적으로, 지수는 정확히 100으로 돌아왔지만순수익률 0 레버리지 ETF에 투자한 자산은 981,800원이 되었습니다. 1.82%의 손실이 바로 변동성에 의해 뒤로 밀려난 끌림Drag의 증거죠.

만약 이것이 3배 레버리지였다면 손실은 -1.82%가 아니라 약 -5.45%

이상으로 훨씬 더 벌어지게 됩니다.

구분	기초 지수	2배 레버리지
시작	100	100
1일차 (+10%)	110	120
2일차 (-9.09%)	100	98.18

변동성이 클수록 끌림은 강해진다

시장의 변동성이 클수록 이 현상으로 인한 손실은 더 커지는데요. 장기 누적 수익률의 차이는 기초 자산의 분산Variance, 즉 변동성의 크기에 비례하기 때문입니다.

기초 자산이 요동칠수록 레버리지 ETF는 목표 배수보다 훨씬 낮은 수익률을 기록하게 되고, 이는 투자자가 통제할 수 없는 상품 구조상의 숙명입니다.

이처럼 변동성 끌림을 피할 수는 없지만, 영향을 줄이는 방법은 있습니다. 우선은 보유 기간을 짧게 유지하는 것입니다. 변동성 끌림은 시간이 길어질수록 누적되니까요.

추세가 뚜렷한 시장에서 활용하는 것도 방법입니다. 변동성 끌림은 지수가 방향 없이 오르내리는 횡보장에서 강하게 나타나기 때문이죠. 반대로 지수가 한 방향으로 꾸준히 움직이는 추세장에서는 그 영향이 상대적으로 줄어듭니다. 시장의 방향성이 불분명한 상황에서 레버리지 ETF를 하루 이상, 특히 지속적으로 보유하고 있다면, 이는 변동성 끌림에 가장 취약한 상태라는 걸 인지해야 합니다. VIX변동성 지수와 같은 시장 변동성 지표가 높은 시기에는 변동성 끌림의 위력도 그만큼 커집니다. 시장이 크게 흔들리는 시기일수록 레버리지 ETF의 구조적 손실에 대해 생각하고, 주의를 기울일 필요가 있습니다.

변동성 끌림이란?

- **변동성 끌림** 지수가 지그재그로 움직임에 따라 ETF의 가치가 조금씩 깎여 나가는 현상.
- 변동성이 높을수록, 그리고 보유 기간이 길수록 손실 폭은 커진다. 또한 변동성 끌림은 배수의 제곱에 비례하는 경향이 있다.

✓ **CHECKLIST**

☐ **본전의 함정** "지수가 다시 전고점을 회복하면 내 레버리지 계좌도 본전이 되겠지?"라는 생각이 매우 심각한 오해임을 깨달았는가?

규제가 없다면
4배, 5배짜리
상품도 만들 수 있나요?

12

지금까지 레버리지 ETF가 어떤 구조로 움직이는지, 그리고 왜 장기 보유 시 기대만큼의 수익이 나오지 않는지를 살펴봤습니다. 이쯤에서 많은 투자자들이 자연스럽게 이런 의문을 품게 될 겁니다. "2배, 3배도 가능하다면, 4배나 5배짜리 ETF는 왜 없는 걸까?" 특히 수익률을 중시하는 투자자라면 누구나 떠올릴 수 있는 자연스러운 생각이죠.

결론부터 말하자면, 기술적으로는 가능합니다. 미국 시장에는 4배까지의 ETN 상품이 상장되어 있습니다. 그러나 4배, 5배 ETF가 시장에 존재하지 않는 데는 그럴 만한 이유가 있는데요, 바로 규제 당국이 높은 배율의 상품 출시를 제한하고 있기 때문이죠. 이유는 명확합니다. 4배, 5배짜리 ETF는 조금만 잘못되어도 원금의 상당 부분을 순식간에 잃을 가능성이 매우 크기 때문입니다.

이는 마치 시속 500km로 달릴 수 있는 하이퍼카를 일반 도로에 풀어놓지 않는 것과 같습니다. 차가 빨라질수록 작은 돌부리 하나에도 차량이 전

복될 위험이 폭발적으로 커지기 때문에, 규제 당국이 안전 속도를 강제로 설정해 둔 것과 같은 이치입니다.

기술의 문제가 아닌 생존의 문제

현실에서 이런 고배율 상품이 제한되는 이유를 좀 더 자세히 살펴보겠습니다.

우선은 투자자 보호를 위해서입니다. 미국 증권거래위원회를 비롯한 주요 금융 규제 기관은 높은 레버리지 상품이 개인 투자자에게 미칠 수 있는 위험을 심각하게 고려합니다. 변동성이 높아질수록 원금 손실 위험이 커지기 때문에, 투자자 보호를 위해 레버리지 배율을 엄격히 제한하는 것이 글로벌 표준입니다.

여기에 더해, 운용상 부담이 가는 위험이 있습니다. 배율이 높으면 안정적인 운용 자체가 불가능해지는 지점이 옵니다. 배율이 높아질수록 매일 밤 진행하는 일일 재조정에 필요한 거래 규모가 비대해지는데요. 이는 시장 전체에 충격을 줄 뿐만 아니라, 운용사조차 통제하기 어려운 상황을 만들 수 있습니다.

그리고 무엇보다도 규제 당국에서 보는 주요한 위험은, 바로 청산 가능성입니다. 4배 레버리지 ETF의 경우, 기초 지수가 하루에 25% 하락하면 산술적으로 원금이 0원-100%이 되어 버립니다.

■ 레버리지 배율별 전액 손실의 위험 지점

레버리지 배율	하루 전액 손실 기준 하락률	비고
2배	-50.0%	현실적으로 발생 가능성 매우 낮음
3배	-33.3%	검은 월요일(1987년) 당시 S&P500 하락 폭 육박
4배	-25.0%	금융 위기 급 변동성에서 가시권 진입
5배	-20.0%	서킷 브레이커 3단계 발동 시 즉시 청산 가능성

지수가 단 하루 만에 표 안의 수치만큼 하락할 경우, 해당 레버리지 상품은 원금이 0이 되어 상장폐지됩니다. 배율이 올라갈수록 0이 되는 문턱이 얼마나 빠르게 낮아지는지가 보이죠. 2배 ETF는 지수가 하루에 반 토막이 나야 원금이 0이 되지만, 5배 ETF는 고작 20% 하락만으로도 같은 결과가 나타납니다.

실제로 2020년 코로나19 팬데믹 초기와 2008년 금융 위기 때처럼 단 며칠 사이에 20~30%가 증발하는 시장 상황은 역사 속에서 드물지 않게 발생해 왔습니다. 최근 국내 증시에서도 쉽게 확인할 수 있고요.

또한, 미국과 한국 증시에는 시장이 급락할 때 거래를 일시 중단시키는 서킷 브레이커 제도가 있죠. 만약 지수가 20% 하락해 시장 전체가 멈추는

3단계 서킷 브레이커당일 거래 종료가 발동되었을 때 5배 레버리지 투자를 한 사람이 있다면, 그날 원금이 전부 증발해 버리는 상황을 맞이하게 될 겁니다. 규제 당국이 고배율 상품에 브레이크를 거는 것은 이 같은 이유에서 투자자에게 안전벨트를 제공하는 것과 비슷합니다.

한국에 지수 3배, 개별종목 2배 레버리지 ETF가 없는 이유는?

미국 주식 투자자에게 지수 3배 추종 레버리지 ETF, 또는 개별종목 2배 레버리지 ETF 투자는 이미 익숙한 일입니다. 그런데 국내 시장에는 이러한 상품이 존재하지 않습니다. RISE 200선물레버리지 ETF처럼 주요 대표지수 기반의 2배 레버리지·인버스 ETF가 사실상 전부입니다.

이는 금융위원회, 한국거래소와 같은 국내 금융당국의 엄격한 규제 때문인데요. 상품 구조 설계에 비교적 자유로운 미국과 달리, 국내 자본시장법과 금융투자업 규정은 투자자 보호를 위해 보수적인 입장을 취하고 있습니다. 핵심은 두 가지입니다.

ETF 구성 요건 : 단일 종목 ETF 자체가 불가능

한국거래소와 금융위원회는 국내에 상장된 주식형 ETF에 대해 최소 10개 종목 이상의 자산을 포함하도록 규정하고 있습니다. 또한 특정 종목의 비중이 ETF 내에서 30%를 초과할 수 없도록 하고 있고요. 이는 ETF가 본질적으로 분산 투자를 목적으로 한 상품이라는 점을 반영한 것으로, 개별종목을 기반으로 한 레버리지·인버스 ETF는 현재로서 출시 불가능합니다. 그렇기 때문에 ETF로 특정 종목에 대한 노출도를 높이는 방식의 투자는 아직 어려운 상황이죠.

다만 (앞서도 언급했듯) 한국도 법 개정이 이루어지고 나면 2026년 하반기 무렵부터는 개별 주식 레버리지 상품 상장이 가능해지리란 전망이 있습니다.

레버리지 배율 제한 : 최대 2배

현재 레버리지 배율에 대한 국내 금융당국의 규정은 최대 2배까지만 허용하고 있습니다. 3배 이상의 고배율 레버리지 ETF는 투자자 손실 위험을 이유로 금지되어 있고요. '레버리지의 민족'이라 불릴 만큼 공격적 투자를 좋아하는 한국 투자자들. 이에 금융당국은 각종 리스크에 대한 관리와 투자자 보호를 더 중요하게 여기고 있죠. 그래서 아직까지 국내 시장에는 2배를 뛰어넘는 레버리지·인버스 상품이 존재하지 않습니다.

물론 일각에서는 국내 금융당국의 이러한 조치가 과도한 시장 통제라며 비판하기도 합니다. 하지만 국내 증시의 개인 투자자 비중이 약 70% 수준이라는 점을 감안한다면, 고위험 상품의 등장과 함께 나타날 수 있는 시장 불안정성과 투자자들의 대규모 손실은 분명 큰 리스크입니다. 가뜩이나 해외 파생상품과 레버리지 ETF 거래 시 사전 교육을 의무화하고 있는 금융당국의 기조를 감안할 때, 관련 규제가 단기간에 완화될 가능성은 크지 않아 보입니다.

4배, 5배짜리 ETF가 없는 이유

- **3배의 마지노선** 일반적으로 3배가 최고 배율인 이유는, 시장의 하루 변동성이 33%를 넘지 않을 것이라는 최소한의 안전 마진이 반영된 결과이다. 기초지수가 하루 만에 33.33% 하락하면 3배 레버리지는 이론적으로 -100%, 즉 원금 전액 손실이 되기 때문이다.

- 배율이 높을수록 변동성 끌림 현상이 강해지는 데 이로 인해 원금이 0이 되는 임계점이 낮아지고, 실제 금융위기 수준의 하락이 발생할 경우 즉각적인 청산 위험이 현실화된다.

레버리지·인버스 ETF의 작동 원리와 비밀

● **차입과 파생상품** 자기자본에 부채을 더해 투자 규모를 키우는 방식.

● **한국 vs 미국** 한국은 주로 선물 계약을, 미국은 주로 총수익 스왑TRS 이라는 약속을 통해 배수를 만든다.

● **작동 원리의 핵심, 일일 재조정**Daily Rebalancing 매일 밤, 지수 변동으로 틀어진 배율을 다시 정확히 배수에 맞추는 작업. 지수가 오른 날은 추가 매수하고, 내린 날은 일부 매도하여 내일 아침의 배율을 복원한다. 이 장치 때문에 레버리지 ETF는 본질적으로 하루 단위 투자에 적합하다.

● **변동성 끌림**Volatility Drag 지수가 제자리로 돌아와도 내 계좌는 마이너스가 되는 이유. 올랐을 때 커진 자산을 기준으로 하락 폭이 계산되기 때문에, 깎이는 절대 액수가 더 커진다. 변동성 끌림으로 인해, 변동성이 크고 횡보가 길어질수록 레버리지 ETF 투자는 불리해진다.

● **왜 4배, 5배는 없을까?** 규제 당국이 배율을 2~3배로 제한하는 것은 시장의 대폭락으로부터 투자자의 파산을 막기 위한 최소한의 조치다. 일례로 4배 레버리지의 경우, 지수가 하루 25%만 빠져도 원금이 0원이 되고 만다.

돈 버는 핵심!
수익률과 리스크
구조 파악하기

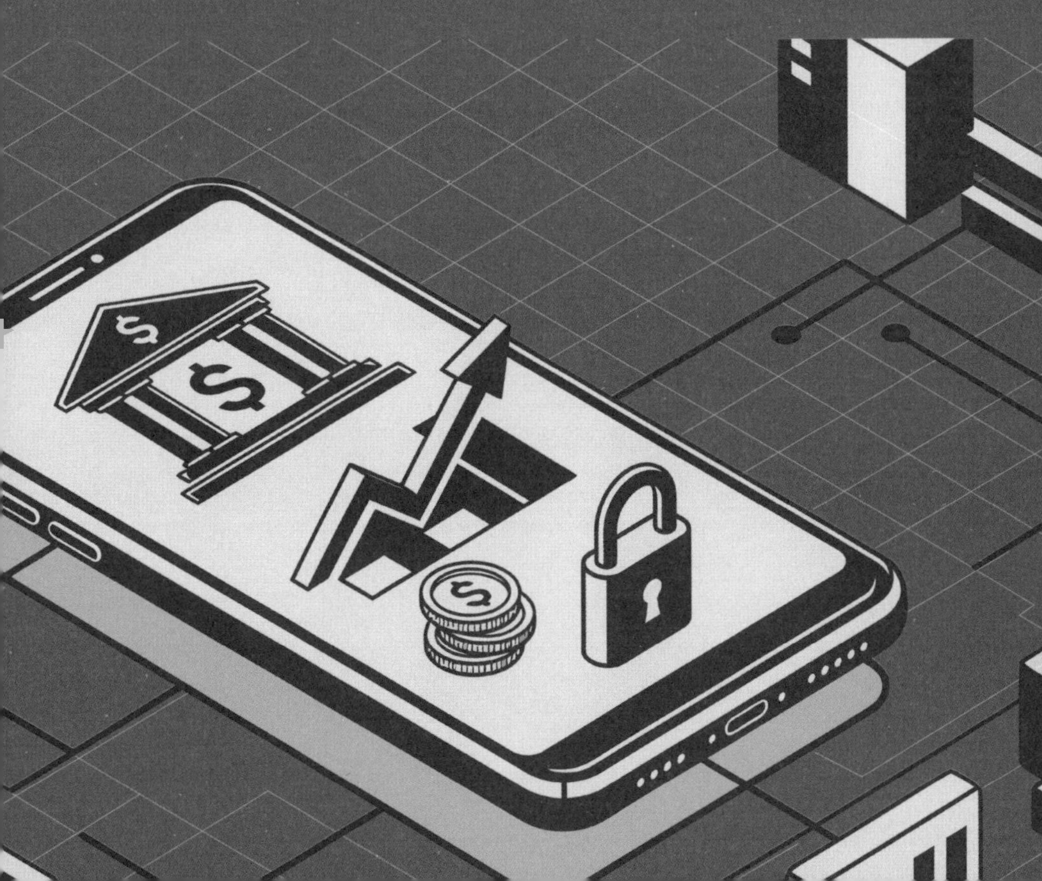

특정 지수나 종목의 주가가 5% 오르면
레버리지 ETF는
10% 오르는 건가요?

13

원 자산이 5% 오르면 2배 레버리지 ETF는 10% 오를 것이라는 기대를 가진 투자자들이 많죠. 수학적으로는 틀리지 않습니다. 그런데 한 달, 석 달이 지나고 나면 "분명히 수익률이 맞는 것 같았는데 왜 내 계좌는 이 모양이지?"라는 의문이 피어오르기 시작합니다.

이러한 상황을 이해하기 위해, 위 질문에 대한 답을 살펴보겠습니다.

정답은 '하루 동안은 그렇다'입니다. 특정 종목의 주가가 오늘 하루 5% 올랐다면, 그 종목을 추종하는 2배 레버리지 ETF는 오늘 하루 10% 상승을 목표로 합니다. 그런데, 이 관계는 딱 하루치 움직임에만 적용됩니다. 자정이 지나 다음 날이 되는 순간 효력을 잃죠. 레버리지의 약속은 오늘 종가까지만 유효하기 때문입니다.

이틀, 사흘에 걸쳐 조금씩 올라 결과적으로 5%가 됐다면, 같은 기간 레버리지 ETF의 누적 수익률은 정확히 10%가 되지 않습니다. 이 차이는 앞서 설명한 복리 효과와 시장의 변동성 때문에 발생하는데요, 앞에서 배운 변동성 끌림도 바로 이 지점에서 작동하기 시작합니다.

이번 PART 3에서는 이같은 레버리지·인버스 ETF의 구조를 이해함으로써 어떻게 수익률을 방어하고 리스크를 계량화할 수 있을지, 그 방법을 하나씩 파헤쳐 보겠습니다.

누적 수익률이 기대와 다른 이유

레버리지 ETF는 일일 성과를 기준으로 목표 배율을 추종하는 것이 가장 중요한 설계 원칙입니다. 기초 자산이 하루 동안 5% 올랐다면, 2배 레버리지 ETF는 이론적으로 그날 10% 수익률을 달성하는 것을 목표로 하며, 운용사는 매일 장 마감 시 포트폴리오를 재조정해 이 목표를 유지합니다.

그러나 투자 기간이 길어지면 이야기가 달라집니다. 레버리지 ETF의 성과는 최종 수치가 얼마냐보다, 그 수치에 어떤 경로path로 도달했느냐에 따라 결과가 갈리게 되거든요. 꾸준히 한 방향으로 움직인 경우와 오르내림을 반복하다 같은 자리로 돌아온 경우, 누적 수익률은 전혀 다르게 나타나죠. 똑같이 5% 수익 지점에 도착했더라도, 고속도로를 타고 곧장 왔느냐 험한 비포장도로에서 덜컹거리며 왔느냐에 따라 결과가 바뀌는 것입니다.

이것이 레버리지 ETF가 가진 경로 의존성Path Dependency입니다.

핵심은 레버리지 ETF가 그저 산술적인 곱셈이 아니라, 기하급수적인 복리Geometric compounding로 움직인다는 점입니다.

- **상승장** 1일차 수익이 2일차 계산의 출발점이 되어 수익이 눈덩이처럼 불어난다.
- **횡보장** 올랐다 내렸다를 반복하면 매일의 재조정 과정에서 원금이 깎여나간다.

■ 같은 수익률, 다른 결과

기초 자산이 2일간 최종적으로 0%가 되었을 때 (100에서 시작)

구분	시나리오 A : 지수 원상 복귀	시나리오 B : 지수 소폭 하락
기초 자산	1일차 +10% → 2일차 -9.1%	1일차 +10% → 2일차 -10%
최종 지수	100 (0% 본전)	99 (-1% 하락)
2배 레버리지	1일차 +20% → 2일차 -18.2%	1일차 +20% → 2일차 -20%
최종 잔고	98.1 (-1.9%)	96 (-4%)

1일차 수익이 2일차 계산의 출발점이 되고, 그 결과가 다시 3일차의 기준이 되는 식이죠. 매일 이전 결과 위에 새 결과가 쌓이는 것입니다. 그렇다 보니 시장이 한 방향으로 움직일 때는 이 복리가 강력한 무기가 되지만, 방향 없이 출렁이는 시장에서는 오히려 독이 됩니다.

따라서 레버리지 ETF는 장기간 사서 기다리는 전략Buy-and-Hold보다, 단기적인 시장 흐름을 예측해 활용하는 트레이딩 도구로 접근해야 합니다.

'사서 묻어두면 언젠가 지수 수익률의 2배를 주겠지'라는 마음으로 접근했다가는 큰 낭패를 볼 수도 있는 것이죠. 경로가 험난할수록변동성이 클수록 수익이 깎인다는 사실을 아는 것, 이것이 바로 레버리지 ETF로 수익을 내기 위한 출발점입니다.

경로 의존성을 이해해야 하는 이유

- **일일 추종의 원칙** 레버리지 ETF는 누적 수익률의 2, 3배가 아니라, 그날그날 수익률의 2, 3배이다.

- **경로 의존성** 어떤 경로로 목표가에 도달했느냐가 수익률을 결정하는 결정적 열쇠! 레버리지 ETF는 지수가 직선으로 뻗을 때 가장 큰 수익을 낸다.

✓ **CHECKLIST**

☐ **경로를 파악할 것** 지난 며칠간 지수가 어떤 굴곡을 거쳐왔는지 복기해야 내 수익률을 이해할 수 있다.

벤치마크의 배수만큼
수익률이 나타나지 않을 때도
있나요?

14

결론부터 말씀드리면, 장기적으로는 목표 배율과 거의 일치하지 않습니다.

레버리지 ETF는 100미터 단거리 달리기용 신발과 같습니다. 짧은 거리를 빠르게 치고 나가는 데는 최적화되어 있지만, 마라톤처럼 긴 거리를 뛰도록 설계된 신발이 아닙니다. 투자 기간이 길어질수록 시장의 오르내림 속에서 변동성 끌림과 복리 효과가 조금씩 쌓이고, 장기적으로는 목표 배율에 미치지 못하는 경우가 대부분이니까요.

장기 수익률에서 괴리가 생기는 이유

왜일까요? 투자 기간이 하루를 넘어서는 순간, 두 가지 힘이 동시에 작용하기 시작합니다.

변동성 끌림과 음의 복리 효과의 함정입니다. 일반적으로 복리는 시간이 지날수록 이자 위에 이자가 붙는 긍정적인 효과를 뜻합니다. 그러나 레버리지 ETF의 일일 재조정 구조에서는 시장이 횡보하거나 상승과 하락을 반복할 경우 오히려 음의 복리변동성 끌림이 발생할 때 나타나는 효과가 발생합니다. 지수가 방향성 없이 상승과 하락을 반복하면, 매일 밤 배율을 맞추는 과정에서 자산이 조금씩 깎여나가게 되죠. 시장의 변동성이 높을수록 이 음의 복리가 누적되면서 장기 수익률을 조금씩 갉아 먹습니다.

이런 효과가 쌓이면서, 지수가 상승과 하락을 반복하는 동안 레버리지 ETF의 장기 누적 수익률은 기초 지수 수익률의 목표 배수보다 낮아지는 경향이 생깁니다. 여러 실증 연구들이 공통적으로 확인한 결과에 따르면, 특정 레버리지 ETF는 장기 보유 기간 동안 기대 수익률의 58~61%밖에 달성하지 못했습니다.

이처럼 레버리지 ETF는 보유 기간이 길어질수록 목표 배율과의 괴리가 커지는 상품입니다. 전문가들이 몇 주, 몇 달 이상의 장기 보유를 권하지 않는 이유가 여기에 있고요. 결국 이 상품의 진짜 적은 시장의 방향성이 아니라, 시간 그 자체일 수 있습니다.

참고로, 통상적 레버리지 ETF는 일일Daily 성과를 추종하므로, 며칠3~5일만 지나도 괴리가 눈에 띄기 시작합니다. 시장의 변동성이 큰 시기라면 단 일주일만 보유해도 지수 수익률의 배수와 확연히 다른 결과를 보게 될 수 있습니다.

  유튜버들은 절대 알려주지 않는 **레버리지 ETF의 34가지 비밀**

시간은 레버리지의 적

- **음의 복리란?** 지수가 오르내림을 반복할수록 내 원금의 덩치 자체가 작아져서, 나중에는 전보다 더 많이 올라야 겨우 본전이 되는 복리의 역설.
- 장기 보유 시 수익률이 기대한 배수의 절반 수준으로 줄어들 수 있다.

✓ **CHECKLIST**

☐ **추세를 파악할 것** 상승 추세에서는 복리가 내 편이지만, 횡보 추세에서는 최대의 적이다. 횡보가 시작되는 기미가 보이면 포지션을 정리하고 다음 기회를 노려보는 것이 좋다.

레버리지·인버스 ETF의 수익률이
–100%를
초과할 수 있나요?

15

이 질문을 하는 이유는 "혹시 내가 투자한 돈보다 더 큰 빚을 지게 되지는 않을까?"하는 두려움 때문일 겁니다. 레버리지라는 단어가 주는 어감, 즉 빚을 내서 투자한다는 말 자체가 압박감을 주기도 하죠. 실제로 선물이나 옵션 같은 파생상품 거래에서는 원금을 넘어선 추가 증거금을 납입해야 하는 상황이 발생하기도 하고요.

하지만 결론부터 말씀드리자면, ETF는 그런 상품이 아닙니다.

ETF는 구조적으로 유한 책임의 원칙을 따릅니다. 100만 원을 투자했다면, 최악의 경우라도 손실은 그 100만 원에서 멈춥니다. 물론 원금 손실률이 100%에 근접하는 것은 가능합니다. 하루 만에 투자한 돈이 거의 0원이될 수도 있다는 뜻이죠.

그럼에도 ETF 가격은 0원 아래로 내려가지 않으며, 투자금을 초과하는 손실, 즉 빚이 발생하지는 않습니다. 이는 투자자 보호를 위한 금융 시스템의 중요한 원칙입니다.

−100%는 불가능하지만, 0원은 가능하다

가능성은 제한적이지만, 레버리지 ETF는 하루 만에 원금의 대부분, 심지어 전액을 잃을 수 있는 상품입니다. 3배 레버리지 ETF의 경우 기초 자산이 하루에 33.33% 이상 급락하면 ETF 가치는 거의 0에 수렴하고, 2배 레버리지 ETF는 기초 자산이 하루에 50% 이상 급락하면 원금 전액을 잃게 됩니다.

인버스 ETF도 마찬가지입니다. 지수가 하루 만에 50%2배 기준 폭등한다면 인버스 ETF는 -100%가 되어 청산될 수 있습니다. 하락장에서도 급반등은 늘 경계 대상입니다.

운용사는 이런 극단적인 상황에서 손실이 100%에 도달하지 않도록 관리하는데요, 이를 위한 방법으로는 우선 장중 긴급 재조정Intraday Rebalancing이 있습니다. 시장이 급락할 경우, 장중에도 포지션을 빠르게 줄여 레버리지 비율을 낮추고 손실을 제한하는 거죠.

그러나 만약 손실이 너무 커져 ETF의 순자산가치NAV가 일정 수준 아래로 떨어지면, 운용사는 해당 ETF를 상장폐지하고 남은 자산을 투자자에게 돌려줍니다.

참고로, (뒤에서도 이야기하겠지만) ETF의 상장폐지는 기업의 파산과는 다릅니다. 지수가 너무 많이 내려가 더 이상 운용이 불가능해질 때, 그 시점의 남은 가치순자산가치를 계산해 투자자에게 현금으로 돌려주고 간판을 내리는 청산 개념입니다. 청산 시점의 가치를 기준으로 계산되기에 손실 폭은 상당할 수 있습니다.

지금까지 설명했듯, 수익률이 –100%를 초과하는 일은 불가능하지만, 원금 전액을 잃을 가능성은 얼마든지 현실에서 일어날 수 있습니다. "빚은 발생하지 않는다"는 사실이 안전하다는 의미는 아닌 거죠. 레버리지 ETF에 투자할 때 반드시 기억해야 할 지점입니다.

■ 파생상품 투자 vs. ETF 투자의 손실 범위 비교

구분	선물/옵션	레버리지·인버스 ETF
최대 손실 범위	원금 + 추가 손실 (추가 증거금)	투자 원금 한도 내 (-100%)
결과	빚이 발생할 수 있음	0원이 될 뿐 빚은 생기지 않음

유한 책임과 청산 리스크

● **유한 책임** 투자한 돈 이상으로 갚아야 할 빚은 생기지 않는다.

● 하지만 -99.9%가 되어 사실상 깡통이 될 위험은 존재한다.

✓ **CHECKLIST**

☐ **하락 폭을 예상해볼 것** 만약 내가 투자한 종목이 하루 만에 급락했을 때, 내 배율이 감당할 수 있는 하락 폭을 파악해야 한다.

☐ **상장폐지 가능성을 판단할 것** 수익률이 마이너스인 상태에서 상품이 청산되면, 회복을 기다릴 기회조차 사라진다.

☐ **손절 원칙을 점검할 것** -90%가 된 계좌가 본전이 되려면 +900%의 수익이 나야 한다. 사실상 회복 불능 상태가 되기 전에 손절 원칙을 지킬 수 있도록 멘탈을 다잡아야 한다.

16

레버리지·인버스 ETF는
하루 최대 수익률에
제한이 있나요?

손실의 한계에 대해 살펴봤으니, 자연스럽게 반대쪽에 대한 궁금증이 생길 것입니다. 레버리지 ETF로 하루에 얼마까지 벌 수 있을까요? 이론상으로는 하룻밤 사이에 몇 배로 불어나는 꿈 같은 일도 가능해 보이는데요. 과연 현실에서도 그럴까요?

레버리지·인버스 ETF의 하루 최대 수익률에 대하여 법적으로 정해진 공식 상한선은 없습니다. ETF의 수익률은 전적으로 기초 자산이 그날 얼마나 올랐느냐에 따라 결정되니까요. 기초 자산이 하루에 20% 올랐다면 2배 레버리지 ETF는 이론적으로 40% 수익률을 목표로 하며, 기초 자산 상승 폭에 제한이 없는 해외 시장에서는 그 배수만큼의 수익률이 그대로 적용됩니다.

그러나 현실에서는 시장 안전장치가 사실상의 상한선 역할을 합니다.
일단, 대부분의 국가에서는 시장이 일정 수준 이상 급변하면 거래를 일

시 중단하는 서킷 브레이커 제도를 운영합니다. 거래가 멈추면 ETF 가격 결정도 함께 멈추기 때문에, 중단 시점까지의 수익률이 그날의 사실상 최대치가 됩니다.

여기에다, 한국 증시처럼 개별 종목에 하루 변동 폭 제한±30%이 있는 시장에서는 기초 자산의 상승 폭 자체가 제한되므로, ETF의 최대 수익률도 간접적으로 제한됩니다.

결국 ETF 자체에는 수익률 상한선이 없지만, 기초 자산이 거래되는 시장의 규정에 의해 현실적인 한계가 있는 것이죠.

수익률의 한계와 위험성

- **수익의 천장** ETF 자체에는 천장이 없지만, 기초 자산이 거래되는 시장의 규칙이 천장을 만든다.

- **해외 시장에서의 기회와 위험** 미국처럼 상하한가가 없는 시장에서 레버리지·인버스 ETF는 하룻밤 사이 잭팟을 터뜨릴 수 있다. 그러나 반대로 상장폐지급 폭락도 가능하다. 하루에 20~30% 변동은 언제든 일어날 수 있다는 강심장이 필요할지도.

✓ **CHECKLIST**

☐ **시장 규칙을 확인할 것** 내가 투자하는 ETF의 기초 자산이 어느 나라 시장에 있는지, 그 시장의 가격 제한폭은 얼마인지 확인했는가?

기초 자산이 하루에
-50%, -34% 이상 하락하면
어떻게 되나요?

17

　레버리지 ETF의 수익률에는 공식적인 상한선이 없다는 것을 확인했습니다. 그렇다면 반대 방향, 즉 기초 자산이 하루 만에 크게 무너지는 상황에서는 어떤 일이 벌어질까요?

　기초 자산의 급격한 하락이 레버리지 ETF에 어떤 영향을 미치는지 단계적으로 살펴보겠습니다.

　원금 전액 손실의 기준선은 배율에 따라 다릅니다. 앞서 언급했듯, 2배 레버리지 ETF는 기초 자산이 하루에 50% 하락하면 ETF 가치가 0원이 되고, 3배 레버리지 ETF는 33.33% 하락만으로도 같은 상황이 됩니다. 배율이 높을수록 벼랑 끝까지의 거리는 짧아집니다. 3배 레버리지 투자자에게 -34%라는 숫자는 게임 오버나 다름없죠.

　이런 극단적인 상황이 발생하기 전이나 진행 중에 운용사는 장중 재조정을 통해 위험을 관리합니다. 손실이 특정 임계치에 도달하면 포트폴리오 일부를 강제로 매도해 레버리지 비율을 낮추는 방식으로, 투자자의 손실이

100%를 넘지 않도록 막는 것입니다.

그런데 여기서 고려해야 할 것이 있습니다. 바로 서킷 브레이커입니다. 많은 이들이 시장이 멈추면 내 자산도 보호될 거라 믿지만, 레버리지 투자자에게는 다릅니다. 앞서 예로 들었듯, 만약 5배 레버리지 상품이 있다면 미국 시장에서 지수가 20% 하락해 시장 전체가 폐장3단계 서킷 브레이커될 경우, 이론상 투자 원금이 0원이 되어 버리죠. 극단적인 예이지만, 이는 운용사가 장중 재조정을 통해 빚이 생기는 것은 막아주더라도 잔고가 0원이 되는 것까지는 막아주지 못한다는 사실을 보여줍니다(인버스 ETF 투자자도 지수 폭등 시 똑같은 경로로 0원이 될 수 있습니다).

한편, ETF의 순자산가치가 너무 낮아지거나 정상적인 운용이 불가능하다고 판단되면, 운용사는 상장폐지 절차를 밟습니다. 청산이 이루어지면 투자자는 보유 주식 수에 비례해 청산 시점의 남은 자산을 현금으로 돌려받습니다.

이런 극단적인 상황이 과연 현실에서 일어날까요? 불행히도, 이런 사건들이 역사에 여럿 남아 있습니다.

미국 증시의 변동성VIX 지수이 낮을 때 수익을 내도록 설계된 인버스 레버리지 ETN인 **벨로시티셰어즈 일일 인버스 VIX 단기 ETN**VelocityShares Daily Inverse VIX Short Term ETN(XIV)이 대표적입니다. 2018년 2월 5일, 평온하던 시장에 갑자기 변동성이 폭발하며 VIX 지수가 하루 만에 100% 이상 급등했습니다. 이 여파로 XIV의 가치는 단 하룻밤 사이에 90% 이상 증발했고, 결국 상장폐지되었습니다. 투자자들은 손 쓸 틈도 없이 자산이 종잇조각이 되는 과정을 지켜봐야만 했고요. 이 날의 충격은 변동성Volatility과 아마겟돈Armageddon을 합성한 '볼마겟돈'이라는 말을 탄생시키기도 했죠.

그런가 하면 코로나 팬데믹 초기, 국제 유가가 사상 초유의 마이너스 기록을 세우자 원유 선물 3배 레버리지 ETFUWT 등들이 직격탄을 맞았습니다. 기초 자산인 원유 가격이 하루 만에 20~30%씩 폭락하자, 3배 배수를 맞추지 못한 상품들은 속수무책으로 무너졌고 결국 대거 강제 청산상장폐지되었습니다.

각국의 금융당국은 시장의 변동성을 제한하기 위한 서킷 브레이커와 같은 정책들을 지속적으로 도입하면서 투자자들이 겪었던 심각한 수준의 변동성을 사전에 막으려고 하지만, 금융시장의 경우는 언제나 예상하지 못했던 블랙스완 같은 이벤트가 나타나는 경우들이 있습니다.

유튜버들은 절대 알려주지 않는 **레버리지 ETF의 34가지 비밀**

전액 손실의 가능성

- 운용사는 장중 재조정으로 손실이 투자금을 초과하는 것(빚)은 막아주지만, 원금이 0원이 되는 상황까지 막아주지는 못한다.

- 기초 자산이 하루 만에 급락할 경우, 레버리지 ETF는 배율에 따라 원금 전액을 잃는 임계점이 달라지는데, 2배는 -50%, 3배는 -33.33%가 기준선.

레버리지 ETF는
어떤 상황에서
청산되나요?

18

청산Liquidation은 해당 ETF가 시장에서 영구적으로 사라지는 것을 의미합니다. ETF 규모투자된 돈의 총량가 너무 작아져서 효율적인 운용이 불가능하거나, 더 이상 해당 상품을 유지할 이유가 없다고 운용사가 판단할 때 펀드 운용을 종료하고 남은 자산을 투자자에게 돌려주는 것이죠.

레버리지 ETF는 구조적인 특성상 일반 ETF보다 청산 위험이 더 높습니다. 기초 자산이 크게 하락하면 ETF 가치가 급격히 줄어들고, 투자자들이 잇따라 빠져나가면서 펀드 규모 자체가 빠르게 쪼그라들기 때문입니다.

그렇다면 청산이 다가오고 있다는 것을 미리 알아챌 수 있을까요? 청산은 예고 없이 갑자기 찾아오는 것 같지만, 사실 그 전에 여러 징후가 나타납니다. 레버리지·인버스 ETF를 보유하고 있다면 다음의 신호들을 미리 파악해 두는 것이 좋습니다.

청산의 주요 신호

신호 ① 거래량의 급감

하루 거래량이 눈에 띄게 줄어들기 시작한다면 투자자들이 해당 상품에서 발을 빼고 있다는 뜻입니다. 거래가 거의 이루어지지 않는 ETF는 원하는 가격에 사고팔기 어려워지고, 운용사 입장에서도 유지 비용 대비 사업성이 없다고 판단하게 됩니다.

신호 ② 운용자산 규모의 급격한 감소

ETF의 전체 운용자산AUM이 단기간에 크게 줄었다면 주의가 필요합니다. 기초 자산의 급락과 투자자 환매가 동시에 일어나면 규모가 빠르게 임계치 아래로 떨어질 수 있거든요. 운용사는 자산이 일정 규모 이하로 떨어지면 상품 유지가 어렵다고 판단하는 것이 일반적입니다.

신호 ③ 운용사의 공시

청산이 결정되면 운용사는 거래소와 금융당국에 공식적으로 이를 알립니다. 그래서 보유 중인 ETF의 운용사 홈페이지나 거래소 공시를 주기적으로 확인하는 습관이 중요합니다. 청산 공지가 나오면 해당 ETF는 곧 거래가 정지되고, 이후 운용사가 보유 자산을 모두 현금화한 뒤 투자자에게 보유 주식 수에 비례해 분배합니다.

구분	일반 주식의 상장폐지	ETF의 청산(상장폐지)
원인	상장 요건 미 충족, 혹은 스캔들 등	자산 규모 미달, 운용 효율성 저하
가치	재상장되기 전까지는 가치의 하락 폭이 높음	남은 자산가치(NAV)만큼 현금을 돌려받음
위험도	예상하기 어려운 상황에 발생하는 경우 많음	청산 시점의 잔존 가치를 투자자들에게 분배

시장에서 팔까, 청산금을 기다릴까?

청산 시 돌려받는 금액은 청산 시점의 최종 순자산가치NAV를 기준으로 합니다. 기초 자산이 크게 하락한 상태에서 청산이 이루어지면 투자 원금보다 훨씬 적은 금액을 받게 될 수 있습니다. 청산 통보를 받았다면 거래 정지 전까지 시장에서 직접 매도하는 것이 유리한지, 청산 분배금을 기다리는 것이 나은지를 따져봐야 합니다.

이때 기준이 되는 것은 당시 ETF의 시장 가격과 NAV의 차이입니다. 만약 시장 가격이 NAV보다 높다면 거래소에서 즉시 매도하는 것이 유리합니다. 반대로 시장 가격이 NAV보다 낮게 형성되어 있다면, 반대의 경우도 고민해볼 만합니다. 다만 청산 절차는 상장폐지 이후 약 일주일 정도의 시간이 소요되므로, 청산 절차까지 기다리지 말고 먼저 시장에서 매도하는 것이 일반적으로는 투자자들이 선택하는 선택지입니다.

SUMMARY FILE (18)

레버리지 ETF의 청산

- **청산** 수익률 악화와 운영자산 규모 축소가 맞물려 발생한다. 원금은 크게 깨질 수 있지만, 남은 자산에 대해서는 돌려받을 권리가 보장된다.

✓ **CHECKLIST**

☐ **운용 규모** 투자한 레버리지 ETF의 전체 운용자산이 위태롭지 않은지, 급격한 감소가 발생하진 않는지 항상 주시하고 있는가?

☐ **시장 가격과 NAV의 차이** 청산 직전에는 유동성 공급자(LP)가 이탈하여 순자산가치(NAV)와 시장 가격 간 괴리율이 커진다. 이를 파악하고 있는가?

지수는 별로 안 떨어졌는데 레버리지 ETF는 왜 지수보다 더 떨어진 것 같을까요?

19

레버리지 ETF를 보유하다 보면 이런 느낌을 받는 순간이 옵니다. "분명히 지수는 많이 올랐는데 내 ETF는 왜 이것밖에 안 올랐지?", "지수는 얼마 안 떨어졌는데, 왜 내 ETF는 훨씬 더 많이 떨어진 것 같지?" 하고 말이죠. 그런데 그 느낌은 착각이 아닙니다. 시장 환경에 따라 레버리지 ETF는 실제로 기대보다 덜 오르거나 더 많이 떨어질 수 있거든요.

이는 장기적으로 시장의 오르내림 속에서 변동성 끌림 효과가 누적되어 수익률에 부정적인 영향을 주기 때문입니다. 레버리지 ETF는 매일 목표 배수를 맞추기 위해 재조정되는 구조입니다. 앞서 경로 의존성의 개념을 설명했었는데요, 장기 누적 성과는 최종 수치가 아니라 시장이 그 수치에 도달하기까지 어떤 경로path를 밟았느냐에 따라 완전히 달라지게 된다는 걸 다시 한번 기억하기 바랍니다.

결론적으로, 레버리지 ETF의 성과는 지수가 얼마나 올랐는지가 아니라 그 과정에서 얼마나 요동쳤느냐에 의해 결정됩니다.

시장 환경이 성패를 가른다

시장이 한 방향으로 꾸준히 움직이는 추세장에서는 레버리지 ETF가 강점을 발휘합니다. 매일의 수익이 다음 날의 출발점이 되면서 복리 효과가 긍정적으로 쌓이고, 경우에 따라서는 지수 수익률의 목표 배수를 뛰어넘는 결과가 나오기도 합니다. 이런 환경에서는 생각보다 많이 올랐다는 느낌을 받게 되죠.

반면 시장이 방향 없이 오르내리는 횡보장이나 변동성이 큰 장세에서는 정반대입니다. 지수가 결국 제자리로 돌아왔는데도 ETF에는 손실이 남아 있고, 하락장에서는 지수보다 훨씬 빠르게 손실이 불어나는데요. 지수는 별로 안 떨어졌는데 나만 크게 손해 본 것 같은 느낌적인 느낌은 심리적 착각이 아니라, 변동성 끌림이 실제로 만들어낸 결과입니다. 급락 후 지수가 원래 가격을 회복하더라도, 레버리지 ETF를 담은 내 계좌는 여전히 마이너스일 확률이 높습니다.

- **추세장** 한 방향으로 시원하게 뻗어가는 시장에서는 양(+)의 복리가 붙어 지수 추종 배율 이상의 수익이 나기도 한다.
- **횡보장** 위아래로 덜컹거리는 시장에서는 변동성 끌림이 발생한다. 특히 지수가 박스권에 갇혀 있을 때는 레버리지 ETF를 들고 있는 것만으로도 매일 조금씩 원금을 시장에 헌납하는 셈이 된다.

수익률을 갉아먹는 두 가지 범인

이러한 현상의 배경에는 변동성 끌림 혹은 음의 복리 효과가 작용합니다.

변동성 끌림은 시장이 등락을 거듭하는 동안 기대치보다 성과가 낮아지는 현상이죠. 앞서 살펴본 것처럼, 지수가 제자리로 돌아와도 레버리지 ETF에는 손실이 남습니다. 10% 오르고 다시 9.09% 내리면 지수는 본전이지만, 2배 레버리지는 이미 마이너스입니다. 시장의 출렁임 자체가 비용이 되는 셈이니까요. 게다가 시장의 변동성이 높을수록 이 끌림의 힘도 강해집니다.

음의 복리 효과는 이와 맞물려 작동합니다. 상승 추세에서도 중간에 오르내림이 반복되면 복리가 수익을 키우는 대신 오히려 깎아내리는 방향으로 작용하고, 하락장에서는 그 효과가 더욱 극명하게 나타납니다. 시장이 10% 하락할 때 2배 레버리지 ETF는 20% 하락하고, 본전으로 돌아가려면 그보다 훨씬 큰 폭의 상승이 필요하죠. 손실이 커질수록 회복에 필요한 수익률은 기하급수적으로 높아지는 구조입니다.

결국 레버리지 ETF를 활용할 때 가장 먼저 파악해야 할 것은 지금이 추세장인지 횡보장인지입니다. 방향성이 뚜렷한 단기 국면에서는 강력한 도구가 될 수 있지만, 방향이 불분명한 구간에서 레버리지 ETF를 장기 보유하면 지수보다 나쁜 결과를 마주할 가능성이 높습니다. 레버리지 ETF가

손해 보는 것처럼 느껴지는 이유는 상품이 나빠서가 아니라, 그 상품을 설계된 조건과 다른 환경에서 매매했기 때문입니다.

돈 버는 핵심! 수익률과 리스크 구조 파악하기

SUMMARY FILE (19)

환경과 경로의 중요성

- 레버리지·인버스 ETF는 설계된 목적(단기 추세)과 다른 환경(장기 횡보)에서 사용될 때 위험해질 수 있다.
- 지수가 며칠 만에 목표에 도달했는지, 그사이에 몇 번 꺾였는지가 중요하다.

지수가 너무 많이 오르면 인버스 ETF는 사라지나요?

20

인버스 ETF를 보유하고 있는데 지수가 계속 오르고 있다면, 이러다 이 ETF 자체가 없어지는 건 아닐까 걱정이 될 것입니다. 그렇다면 정말 그런 일이 발생할까요?

이에 대한 대답은, '가능하지만 무조건 사라지는 것은 아니다'입니다. 인버스 ETF는 지수가 떨어질 때 수익을 내는 상품이므로, 지수가 계속 오르면 가격은 반대로 계속 내려갑니다. 가격이 거의 0원에 가까워지면 운용 효율성이 떨어져 상장폐지될 수도 있죠. 그런데 흥미로운 점은, 지수가 오르는 상황에서도 하락을 예상하거나 위험을 분산하려는 투자자들이 꾸준히 유입되면서 상품이 유지되는 경우가 많다는 것입니다.

강세장에서도 인버스 ETF가 살아남는 이유

지수가 꾸준히 오르면 인버스 ETF의 가격은 계속 하락하고, 펀드의 순자산가치가 너무 작아지면 운용에 필요한 비용조차 감당하기 어려워집니다. 앞서 살펴보았듯, 이 경우 운용사는 상장폐지를 결정할 수 있습니다.

그럼에도 강세장에서 인버스 ETF가 완전히 사라지지 않는 데는 이유가 있습니다. 장기 포트폴리오를 보유한 투자자들이 시장 하락에 대비해 위험을 분산하는 헤지 수단으로 활용하고, 시장이 과열됐다고 판단한 투자자들이 조정을 예상하며 미리 매수에 나서기도 하기 때문이죠. 또한 단기 하락을 노리는 트레이더들의 수요도 꾸준하고요. 이처럼 저마다 다른 목적을 가진 투자자들이 계속 유입되는 한, 인버스 ETF는 강세장에서도 나름의 존재 이유를 유지합니다.

- **헤지 수요**Hedge 주식을 가득 담은 기관 투자자들은 시장이 급락할 때를 대비해 보험 삼아 인버스를 산다.
- **역발상 투자자**Contrarian "이 정도 올랐으면 이제 떨어질 때가 됐다"고 믿는 투자자들이 끊임없이 새로 유입된다.
- **단기 트레이딩** 하락 추세가 잠깐만 보여도 그 틈을 노린 단기 자금이 몰려든다.

한편, 운용사는 상품을 없애는상장폐지 대신 주식병합이라는 카드를 꺼내기도 합니다. 인버스 ETF의 가격이 100원, 50원 식으로 너무 낮아져 동전주가 되면 거래가 불편해지겠죠. 이럴 때 10주를 합쳐서 1주로 만들고 가격을 다시 올리는 식입니다.

인버스 ETF도 변동성 끌림을 피할 수 없다

한 가지 더 기억해야 할 점이 있습니다. 인버스 ETF도 레버리지 ETF와 마찬가지로 변동성 끌림의 영향을 받는다는 사실입니다. 지수가 등락을 반복하며 오르는 환경에서는 복리 효과가 마이너스로 작용해 장기적으로 손실이 쌓입니다. 하락에 베팅하는 상품이라고 해서 이 구조적 특성에서 벗어날 수는 없는 거죠.

결국 인버스 ETF의 진짜 활용 가치는 '언젠가 떨어지겠지'라는 막연한 기대가 아니라, 시장 하락에 대한 명확한 판단과 구체적인 시나리오를 가진 투자자가 단기적으로 포지션을 잡거나 기존 포트폴리오를 방어할 때 빛을 발합니다.

SUMMARY FILE (20)

강세장과 인버스 ETF

- 인버스 ETF는 지수가 계속 오르면 가격이 하락해 상장폐지될 수 있지만, 무조건 사라지는 것은 아니다.
- 인버스 ETF 역시 변동성 끌림에서 자유롭지 않다. 지수가 등락을 반복하며 오르는 환경에서는 복리 효과가 역방향으로 작용해 장기 보유 시 손실이 누적된다.

21

하락장이 길어지면 인버스 ETF로 부자가 될 수 있을까요?

시장이 무너지는 소리가 들리면 투자자들은 본능적으로 반대 방향에 베팅해 큰돈을 벌고 싶어 합니다. 지수가 반 토막 나면 내 인버스 계좌는 2배 이상 상승하는 장밋빛 미래를 꿈꾸죠. 하락장이라는 방향만 맞춘다면 부자가 되는 건 따 놓은 당상처럼 보입니다.

하지만 현실은 냉혹합니다. 하락장에서도 시장은 끊임없이 오르내리고, 이 과정에서 변동성 끌림이 발생해 기대했던 것보다 훨씬 낮은 수익률을 보이는 경우가 많습니다.

다시 말해, 인버스 ETF는 하락장에서 수익을 무조건 보장하는 상품이 아닙니다.

하락장의 잔인한 진실

인버스 ETF가 가장 빛나는 순간은 시장이 단 한 번의 반등도 없이 수직

낙하할 때입니다. 그러나 역사가 증명하듯, 시장은 절대 일직선으로 움직이지 않습니다. 폭락 중에도 거친 반등과 재하락을 반복하는 것이 하락장의 본 모습입니다. 이 갈지z자 행보 속에서 인버스 ETF 역시 변동성 끌림의 늪에 빠집니다. 지수는 20% 내려왔는데, 내 인버스 계좌는 제자리걸음이거나 심지어 마이너스인 기이한 현상이 벌어지는 이유죠.

- **이론적 하락 : 시장이 수직으로 떨어짐**

  이 경우 결과적으로는 지수 -20% → 인버스 +20%가 됨
- **실제 하락 : 시장이 심하게 흔들리지만 서서히 내려감**

  그러나 현실에서는 **지수 -20% → 인버스 +2% 또는는 -5%** (변동성 끌림 발생)

베어마켓 랠리의 함정

장기 하락장일수록 무서운 것은 데드캣 바운스Dead Cat Bounce, '죽은 고양이도 높은 곳에서 떨어지면 튀어 오른다'는 뜻에서 유래라 불리는 강력한 단기 급반등입니다. 하락이 확실해 보이는 시장에서도 하루아침에 10~20%씩 반등하는 일은 역사적으로 드물지 않습니다. 이 반등 구간에서 인버스 ETF를 들고 있으면 순식간에 큰 손실을 입을 수 있고, 타이밍을 잘못 잡으면 하락장에서도 오히려 손해를 보는 상황이 생깁니다. 시장 타이밍을 정확히 맞추기란 아무리 뛰어난 전문가라도 매우 어렵다는 사실을 이 지점에서 다시

　　　유튜버들은 절대 알려주지 않는 **레버리지 ETF의 34가지 비밀**

한번 떠올려야 합니다.

인버스 ETF는 하락장이라는 방향성만으로 수익을 보장해 주는 상품이 아닙니다. 시장이 어느 방향으로 움직이든, 변동성이라는 구조적 한계는 항상 따라오기 마련이죠. 하락장에서의 수익은 방향을 맞추는 것만큼이나 언제 들어가고 언제 나오는지에 달려 있습니다. 그 타이밍을 일관되게 맞출 수 있다는 확신이 없다면, 인버스 ETF로 부자가 되겠다는 계획은 다시 생각해 볼 필요가 있지 않을까요. 특히 장기 하락을 예상하고 인버스를 몇 달씩 들고 가는 전략은 매우 위험합니다. 공포가 극에 달한 짧은 구간에서 수익을 실현하고 나오는 스나이퍼 같은 접근이 필요합니다.

인버스 ETF의 실제

- **방향보다 경로** 하락장이라는 방향을 맞추는 것보다, 그 과정에서의 변동성을 견디는 것이 훨씬 어렵다.
- 하락장도 길어지면 변동성 누적으로 인해 인버스 투자자에게 불리해진다.

✓ **CHECKLIST**

☐ **착각 방지** "지수가 빠지니까 난 당연히 벌겠지?"라는 막연한 낙관론에 빠져 있지는 않은가?

22

장 마감 직전에
요동 치는 느낌을 받곤 하는데
왜 그런 건가요?

레버리지 ETF를 거래하다 보면 장 마감 직전 시간대에 가격이 유독 출렁이는 느낌을 받을 때가 있습니다. 이유 없이 갑자기 오르거나 내리는 것 같은데, 사실 여기에는 구조적인 이유가 존재합니다.

바로 레버리지 ETF 운용사가 매일 수행하는 일일 재조정Daily Rebalancing 때문입니다. 이 작업이 실제 시장에서 어떤 양상으로 나타나는지를 이해하면, 불필요한 추격 매수나 손절 실수를 줄일 수 있습니다.

왜 하필 장 마감 직전일까?

일일 재조정은 레버리지 ETF의 심장과도 같습니다. 운용사는 매일 장 마감 무렵 포트폴리오를 재조정합니다. 하루 동안 시장이 움직이면서 목표 배율이 틀어지기 때문에, 다음 날 정확한 배수를 유지하려면 장 마감 전에 반드시 이를 바로잡아야 하죠. 이때 집행되는 거래 규모는 ETF의 운용자산이 클수록 커집니다. 시장 전체를 추종하는 대형 레버리지 ETF라면 장 마감 직전 수천억 원 규모의 거래가 한꺼번에 쏟아질 수 있습니다.

거래의 방향은 그날 시장의 흐름에 따라 결정됩니다.

기초 자산이 오른 날에는 운용사가 목표 배율을 유지하기 위해 추가 매수에 나서야 하므로 장 마감 직전 매수 압력이 커지고, 이것이 시장 가격을 더 끌어올리는 방향으로 작용합니다. 반대로 기초 자산이 내린 날에는 대규모 매도가 집행되면서 하락 압력이 가중됩니다.

- **지수가 오른 날** 운용사는 추종 배율을 유지하기 위해 주식(또는 선물)을 더 사야 한다. 따라서 장 막판에 매수세가 몰리며 종가를 더 끌어올리는 오버슈팅이 발생하곤 한다.

- **지수가 내린 날** 반대로 배율을 낮추기 위해 주식을 내다 팔아야 한다. 장 막판 매도 폭탄이 떨어지며 하락 폭이 더 깊어지는 언더슈팅 현상이 나타난다.

즉, 상승장의 마감 직전에는 시장이 더 오르는 경향이, 하락장의 마감 직전에는 더 내리는 경향이 나타날 수 있습니다. 그리고 여기에 더하여, 그날의 레버리지 혹은 인버스 ETF들의 매수·매도세에 따라 ETF로의 자금 유출입 규모가 폭증하는 경우, 이 역시도 장 마감 시정의 변동성으로 이어질 수 있습니다.

그러므로 레버리지 ETF를 사고팔 때 장 마감 직전 시간대는 피하는 것이 좋습니다. 운용사의 대규모 리밸런싱 거래가 집중되는 시간대에는 가격이 일시적으로 왜곡될 수 있어, 불리한 가격에 거래가 체결될 가능성이 높기 때문이죠.

또한 이 패턴을 알면, 장 마감 직전의 급등락이 반드시 시장의 실제 방향을 반영하는 것이 아님을 깨닫게 됩니다. 리밸런싱 수요에 의한 기술적인 움직임일 수 있으니까요. 이걸 모르는 채로, 이 시간대의 변동을 시장 신호로 오독하면 잘못된 판단으로 이어질 수 있습니다.

물론 이 패턴이 매일 명확하게 나타나는 것은 아닙니다. 다른 대형 기관들의 거래나 갑작스러운 뉴스가 겹치면 패턴이 흐려지기도 합니다. 그럼에도 운용사의 리밸런싱이 시장에 미치는 영향을 이해하는 것은, 같은 화면을 보면서도 남들이 보지 못하는 맥락을 읽어내는 힘이 될 것입니다.

일일 재조정의 영향 이해하기

- 장 막판의 요동은 배율을 맞추려는 운용사의 기술적 숙제일 가능성이 높다.
- 거래가 집중되는 시간대에는 내가 원하는 가격보다 훨씬 불리한 가격에 체결될 위험이 크다.

✓ CHECKLIST

- **신호 오독 방지** 장 막판의 급등을 보고 다음 날도 오를 것이라 성급하게 확신하지 않았었나?

수익률의 공식

- **일일 추종의 원칙** 레버리지와 인버스 ETF는 지수의 장기 수익률이 아니라 '하루 수익률의 배수'를 추종하도록 설계된 상품.
- **경로 의존성** 동일한 최종 지수 수준에 도달하더라도 그 과정에서 어떤 변동을 겪었는지에 따라 레버리지 ETF의 성과는 달라진다.

시간의 함정과 강제 청산, 인버스의 역설

- **음의 복리** 횡보장에서 상승과 하락이 반복되면 자산 규모가 깎여나가는 계좌 침식이 발생한다.
- **유한 책임** 내가 투자한 원금 이상으로 빚을 지지는 않는다(-100% 초과 손실 불가).
- **강제 청산(상장폐지)** 3배 레버리지 ETF의 경우 기초 지수가 하루 약 -33% 하락하면 이론적으로 ETF 가치가 0에 가까워질 수 있으며, 이런 경우 운용사가 상품을 조기 정리하거나 구조를 변경할 가능성이 있다.
- **인버스의 역설** 변동성이 큰 하락장에서 강한 반등이 반복되면 지수가 하락했더라도 인버스 ETF의 누적 성과는 손실이 날 수 있다.

시장의 메커니즘

- **기계적 리밸런싱** 운용사는 매일 장 막판에 배율을 맞추기 위해 포지션을 대규모로 조정한다. 장 마감 직전의 요동은 이러한 요인에서 비롯될 수 있다.

투자의 차원을 놓여주는 실전 활용법

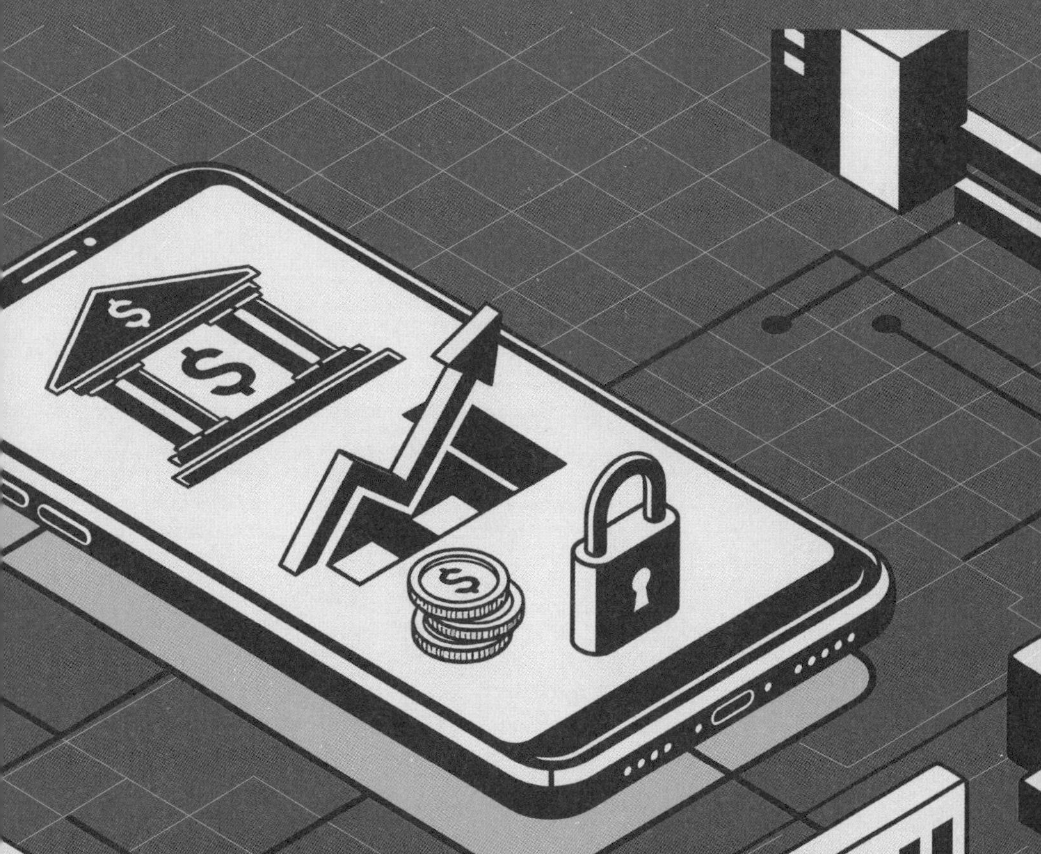

레버리지·인버스 ETF는
장기 투자하면
계좌가 녹는다는데 사실인가요?

23

지금까지 설명한 레버리지와 인버스 ETF의 무서운 속성을 이해했다면, 여러분은 이제 준비된 투자자입니다.

PART 4에서는 단순히 운에 맡기는 투자가 아니라, 통계와 전략에 기반한 실전 기술을 다룹니다. 언제 진입해서 언제 수익을 챙기고 나와야 하는지, 내 소중한 원금을 지키기 위한 방어막은 어떻게 쳐야 하는지 그 구체적인 승리 공식을 하나씩 공개하려 합니다.

우선 이 모든 전략에 앞서, 반드시 알아둬야 할 것이 있습니다. 바로 장기 투자에 대한 오해인데요. 앞 장에서도 강조한 바이지만, 다시 한번 이 부분부터 자세히 짚고 시작하겠습니다. 레버리지·인버스 ETF로 성과를 거두기 위해 아무리 강조해도 부족하지 않은 핵심 개념이기 때문입니다.

누군가는 이런 생각을 할 수도 있습니다. "어차피 미국 증시는 시간 지나면 결국 다시 오르고 신고가를 찍는데, 그냥 레버리지·인버스 장투하면 안 되나요?" "제가 볼 땐 몇 년 안에 세계적인 경제위기가 올 것 같은데 인버스 ETF에 장기 투자해도 될까요?"

물론 이 상품들로 장기 투자를 하는 것은 개인의 선택입니다. 하지만 애당초 레버리지·인버스 ETF는 장기 투자용이 아닌, 단기 트레이딩을 위해 설계된 금융 상품들이란 점부터 반드시 인식해야 합니다.

레버리지 ETF에 절대로 장기 투자하면 안 되는 37가지 이유

높은 운용보수

첫 번째는 일반 ETF 대비 너무 높은 운용보수입니다. 미국 증시를 예로 들어볼까요? 미국 시장에서 가장 대표적인 ETF들인 VOO Vanguard S&P 500 ETF, S&P 500 지수 성과 추종와 QQQ Invesco QQQ Trust, Series 1, 나스닥 100 지수 성과 추종의 연간 운용보수는 각각 0.03%와 0.18% 입니다. 우리가 투자하는 금액에 대해 1년에 0.03%에 해당하는 보수만 내면 된다는 뜻입니다. 단순 계산으로 QQQ에 1,000만 원을 투자했다고 가정했을 때 연간 2만 원의 보수가 발생합니다. 그렇게 부담스러운 금액은 아닙니다. 장기 투자하기에도 큰 문제가 되지 않습니다.

하지만 레버리지 ETF는 복잡한 상품 구성으로 인하여 상대적으로 훨씬 높은 운용보수가 책정됩니다. 옵션, 선물과 같은 파생상품을 사용하는 과

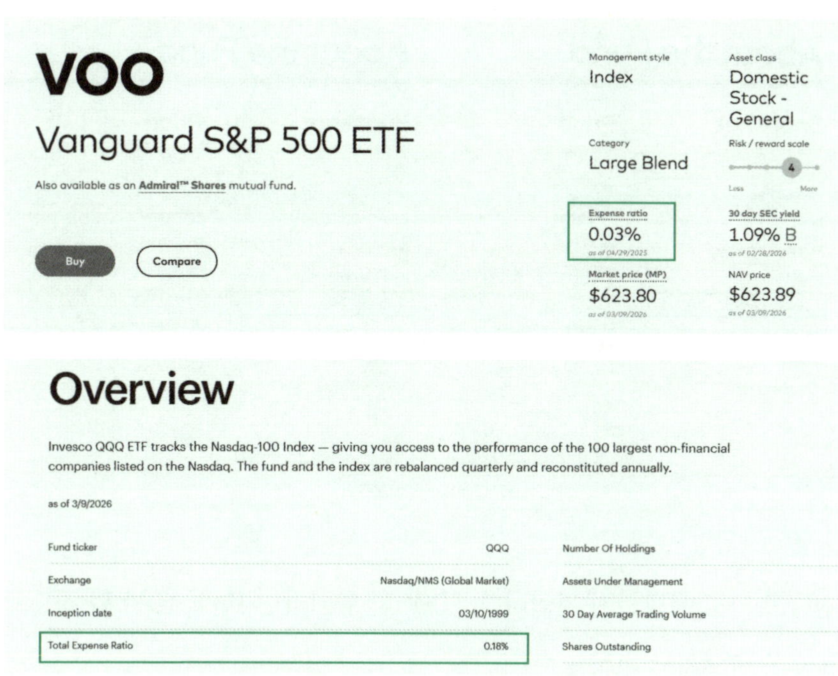

VOO와 QQQ의 운용보수율

(출처 : 뱅가드, 인베스코 홈페이지)

정에서 큰 비용이 발생할 뿐더러, 리스크 관리 비용과 포트폴리오 재조정 비용도 빈번하게 발생하기 때문입니다.

덕분에 S&P 500 지수의 성과를 3배로 추종하는, VOO의 3배 레버리지 버전이라 할 수 있는 UPROProShares UltraPro S&P 500의 연간 운용보수는 0.89%나 됩니다. VOO보다 30배 이상 높은 보수입니다. QQQ의 3배 버전인 TQQQ ProShares UltraPro QQQ의 연 운용보수도 무려 0.82%에 달하죠Gross Expense Ratio 기준. 내가 투자한 금액이 1년에 1%씩 운용보수로 사라

About the Fund

Snapshot

Ticker	UPRO
Intraday Ticker	UPRO.IV
CUSIP	74347X864
Inception Date	6/23/09
Gross Expense Ratio	0.89%
Net Expense Ratio	0.89%
NAV Calculation Time	4:00 p.m. ET
Distributions	Quarterly
Options Available	Yes

Price

as of 3/09/2026

NAV	$110.99
NAV Change	▲ $+2.70
Market Price	$110.97
Market Price Change	▲ $+2.81
Trading Volume (M)	9,101,436
30-Day Median Bid Ask Spread	0.02%

View Premium / Discount

About the Fund

Snapshot

Ticker	TQQQ
Intraday Ticker	TQQQ.IV
CUSIP	74347X831
Inception Date	2/9/10
Gross Expense Ratio	0.97%
Net Expense Ratio	0.82%
NAV Calculation Time	4:00 p.m. ET
Distributions	Quarterly
Options Available	Yes

Price

as of 3/09/2026

NAV	$49.44
NAV Change	▲ $+1.87
Market Price	$49.39
Market Price Change	▲ $+1.85
Trading Volume (M)	159,005,492
30-Day Median Bid Ask Spread	0.02%

View Premium / Discount

UPRO와 TQQQ의 높은 운용보수율

(출처 : 프로셰어즈 홈페이지)

진다고 봐도 무방한 숫자입니다. 1,000만 원이라면 1년에 10만 원 정도의 비용이 발생하는 것이죠.

"에이, 그것보다 더 많이 벌면 되는 거 아냐?"라는 생각이 드실 수 있는데요, 중요한 것은 운용보수에도 복리의 법칙이 작용한다는 것입니다. 심지어 내가 레버리지 ETF에 투자하는 동안 시장이 상승하기는커녕 장기간 횡보한다면? 그러면 높은 운용보수는 더더욱 독이 되어 돌아올 것입니다.

심리적 한계

두 번째 이유는 심리적 한계입니다. 감정을 가진 인간이기에 레버리지 ETF가 가진 엄청난 변동성을 버텨내기 어렵다는 것입니다.

코로나 팬데믹으로 전 세계 증시가 폭락하던 시절, TQQQ의 주당 가격은 25.8달러에서 무려 8.07달러까지 떨어졌습니다. 하지만 이후 연준의 양

유튜버들은 절대 알려주지 않는 **레버리지 ETF의 34가지 비밀**

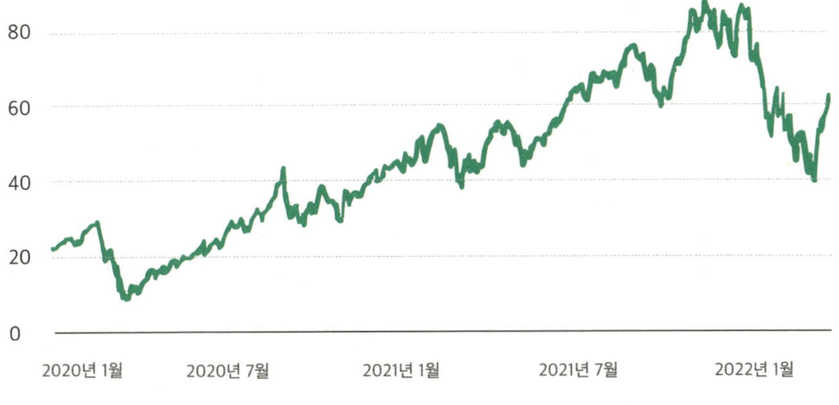

코로나 팬데믹 당시 TQQQ의 주가 흐름
(자료 : Yahoo Finance)

적완화 정책과 함께 엄청난 유동성이 증시에 공급되었습니다. 그리고 미국 증시도 2021년 12월까지 무섭게 달렸죠. 이 당시 TQQQ는 무려 91.68달러까지 오릅니다. 8.07달러에서 91.68달러로, 약 1,036%나 상승!

무려 11배…, 입이 떡 벌어지는데요. 당시 투자자들이 레버리지 ETF를 좋아할 수밖에 없었던 이유입니다. 당시 레버리지 ETF에 집중 투자를 했던 사람들은 분명 큰 수익을 냈을 것이고, 인생을 바꿀 수도 있었을 것입니다. 그리고 그런 광경을 보며 다들 비슷한 생각을 하게 되었겠죠. "그래! TQQQ 장기 투자로 인생을 바꿔보는 거야!!".

하지만 그런 꿈은 얼마 안 가 무너지게 됩니다. 연준이 다시 금리를 올리기 시작하였고, 미국의 양적긴축이 본격적으로 시작되면서 증시에 꼈던 버블도 순식간에 무너졌죠. 덕분에 2021년 12월 5,000을 바라봤던 S&P

500 지수는 2022년 10월, 3,500대까지 떨어지게 됩니다.

변동성이 어마무시한 TQQQ는 말할 것도 없습니다. 91.68달러를 찍었던 주가는 16.10달러까지 떨어졌습니다. 전고점 대비 최대 하락률MDD이 무려 82% 수준. 그야말로 간담을 서늘하게 만들었죠.

한 번 생각해 볼까요? 과연 얼마나 되는 사람들이 80%가 넘어가는 하락을 견딜 수 있을까요? 1억 원을 투자한 내 계좌가 어느 순간 2,000만 원이 되어있는데 말이죠.

아마 대다수의 사람들이 80%까지 떨어지기도 전에 주식을 다 던졌을 겁니다. "여기서 더 떨어지면 어떡하지? 그나마 있는 돈도 다 잃는 거 아냐?" 하는 두려움이 엄습해 오고, 밤에 잠들지 못할 테고요. 매일 한숨이 나오고, 회사에서는 일이 손에 잡히지 않습니다. 그러다가 결국은 버티다 못

코로나 팬데믹 직후 TQQQ의 주가 흐름
(자료 : Yahoo Finance)

 유튜버들은 절대 알려주지 않는 **레버리지 ETF의 34가지 비밀**

해 그나마 남은 주식을 모두 매도합니다. 레버리지 ETF 장기 투자의 꿈을 가지고 들어왔던 사람들도 크게 다르지는 않았을 테죠.

물론 미국 증시가 또다시 회복하고 전고점을 돌파하며 2025년 7월 TQQQ의 주당 가격도 과거의 고점 수준에 이르게 되었습니다. 하지만 정말 기계적인 투자를 하며 버틴 극소수의 사람들을 제외하고는 그 누구도 이런 회복장을 즐기지 못했을 겁니다.

시장에는 끊임없이 유동성이 공급됩니다. 통화량이 증가함에 따라 미국 증시도 함께 상승하였고, 이는 100년이 넘는 역사 동안 지속되어 왔습니다. 실제로 2015년 이후의 기록을 보면 미국 내 M2 통화량과 S&P 500 지수가 거의 같은 궤적을 그리며 흘러온 것을 확인할 수 있습니다.

그렇기에 미국 증시는 중간중간 시련을 거칠지언정, 앞으로도 계속 상승하고, 또 신고가를 돌파하며 나아갈 것입니다. 하지만 우리는 감정을 가진 인간입니다. 결국 상승할 것을 머리로는 알아도, 지금 당장 눈앞에서 일어나는 고통을 이겨내기란 여간 어려운 일이 아닙니다.

장기 투자의 제1요소는 지속가능성입니다. 높은 변동성으로 인해 쉽게 투자를 지속해 나가기 어렵다는 점은 레버리지 ETF에 장기 투자하면 안 되는, 아니 할 수 없는 요소로 작용합니다.

횡보장에 취약함

레버리지 ETF에 장기 투자하면 안 되는 마지막 이유는 횡보장에 취약하기 때문입니다. 이는 인버스 ETF에도 동일하게 적용됩니다.

■ 레버리지 배율별 수익률 변화 (10% 등락 반복 시)

기간	등락폭	1배 (기초 지수)	2배 레버리지	3배 레버리지
Start	-	100	100	100
1	+10%	110	120	130
2	-10%	99	96	91
3	+10%	109	115	118
4	-10%	98	92	83
5	+10%	107.8	111	108
6	-10%	97	88	75
7	+10%	106.7	106	98
8	-10%	96	85	69
9	+10%	105.6	102	89
10	-10%	95	81.5	62

하루는 증시가 10% 오르고, 하루는 또 10% 내리고 하는 날들이 10일간 이어진다고 가정합시다. 만약 1배짜리 지수 성과 추종 ETF에 투자했다

 유튜버들은 절대 알려주지 않는 **레버리지 ETF의 34가지 비밀**

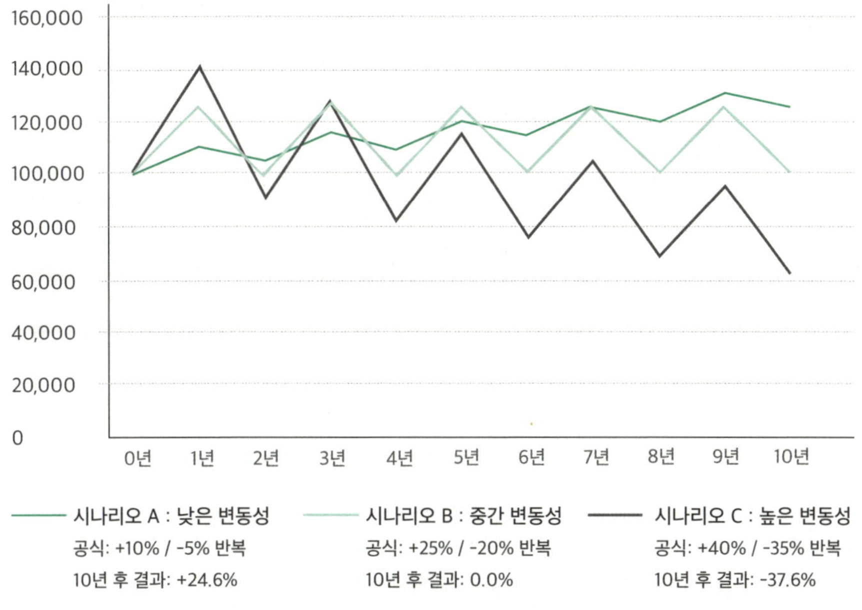

장기 투자에 독이 되는 변동성 끌림 현상

(자료 : Swan Global Investments)

면 100에서 시작한 가격은 10일 후에 95가 되어 있습니다. 상대적으로 변동성 자체가 작으므로, 오르고 내리는 횡보장이 지속되어도 주가에는 큰 타격이 없습니다.

하지만 2배, 3배로 가며 변동성이 높아질수록 이야기는 달라집니다. 똑같은 일이 2배짜리 상품에서 일어났다고 가정할까요? 100에서 시작한 주가는 10일 후에 어느덧 81.5가 되어 있습니다.

첫날 10%가 상승했을 때는 좋았습니다. 하지만 이후 증시가 하락하고 오르는 장이 지속됨에 따라, 주가가 서서히 녹아내리는 것이 보입니다.

만약 이를 3배짜리 상품에 똑같이 대입한다면? 10일 후의 주가는 62가 되어 있습니다. 1배짜리 상품이 5% 하락할 동안, 3배 상품은 38%나 하락한 것입니다. 변동성 끌림 현상이 발생한 것이죠.

이같은 예시는 어디까지나 단순한 시나리오일 뿐입니다. 실제 결과는 이보다 더 복잡하게 나오겠죠. 그럼에도 불구하고, 레버리지 상품이 증시가 오르내리는 횡보장에서 어떤 결과를 맞게 되는지는 명확하게 확인할 수 있습니다.

인버스 ETF에 절대로 장기 투자하면 안 되는 이유

이렇듯 레버리지 ETF에 장기 투자하면 안 되는 세 가지 이유를 알아보았습니다. 그렇다면 인버스 ETF에는 왜 장기 투자하면 안 되는 걸까요? 사실, 앞에서 알아본 이유들이 인버스 ETF 투자에도 동일하게 적용됩니다.

2배, 3배짜리 인버스 상품에 투자하게 될 경우에도 너무 높은 운용보수가 적용됩니다. 또한 지속적인 상승장이 나타날 경우인버스 ETF는 상승장에서 주가가 하락, 내가 투자한 ETF가 큰 하락을 하게 됨에 따라 심리적 부담이 가중되고요. 여기에 더해 횡보장에서는 계좌가 녹는 모습을 볼 수 있죠.

인버스 ETF의 경우에는 여기에 이유가 하나 더 있는데요, 앞서 살펴봤듯 미국 증시는 긴 시계열에서 꾸준히 우상향해 왔습니다. 결국 증시의 영

    유튜버들은 절대 알려주지 않는 **레버리지 ETF의 34가지 비밀**

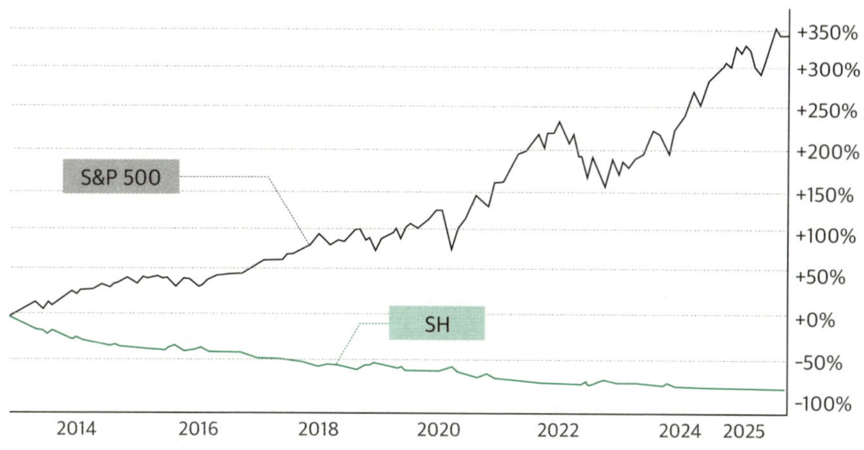

미국 증시의 우상향과 반대로 우하향해 온 S&P 500 인버스 ETF인 SH
(자료 : Yahoo Finance)

원한 하락은 없다는 것입니다. 찰나의 조정, 또는 폭락은 있을지 몰라도 긴 관점에서 볼 때 결국 다시 회복하고 위를 향한다는 것이죠. 그런 점에서 볼 때 인버스 ETF 장기 투자는 필승 전략이 아닌 필패 전략입니다.

어디까지나 하락을 예측하고 단기적으로 투자해야 하는 상품일 뿐, 몇 년씩 투자하는 상품이 될 수는 없습니다.

레버리지·인버스 ETF에 장기 투자는 금물

- **높은 운용보수** 일반 ETF에 비해 레버리지 ETF는 높은 수준의 보수가 부과되며, 복리 효과로 인해 장기 보유 시 비용 부담이 눈덩이처럼 불어나게 된다.

- **심리적 한계** 레버리지 ETF는 기초 지수 대비 수익과 손실이 모두 증폭된다. 장기 투자의 핵심은 지속가능성인데, 레버리지 ETF는 그 지속가능성을 심리적으로 깎아내는 경향이 있다.

- **횡보장에 취약한 구조** 변동성 끌림 현상으로 인해 시장이 오르내리기를 반복하는 횡보장에서는 레버리지 배율이 높을수록 손실이 가속화된다.

- 인버스 ETF의 경우 위 세 가지에 더해, 미국 증시가 장기적으로 우상향해 온 구조적 특성이 추가 악재로 작용한다.

레버리지 ETF
무한매수법은
잘못된 투자 전략인가요?

24

코로나 팬데믹과 함께 수많은 국가의 양적완화가 진행되던 2020~2021년. 빠른 속도로 상승하는 미국 증시와 함께 레버리지 ETF 투자 열풍이 본격적으로 불기 시작했습니다. 그와 함께 '레버리지 ETF 무한매수법'이라는 전략도 등장했죠.

똑같은 레버리지 ETF 무한매수법이라 하더라도 실제 진행하는 방법은 정말 제각각이었는데요. 가장 대표적인 방식은 일반 ETF 무한매수법과 같은 맥락이었습니다. 즉, TQQQ와 같은 3배 지수 성과 추종 ETF를 꾸준히 적립식으로 사들이고, 이에 대한 장기 투자를 통해 큰 성과를 낸다는 것입니다. 특히 가격이 하락할 때마다 기계적인 추가 매수를 진행하여 평균 매수 단가를 낮추고, 장기적으로 더욱 큰 성과를 가져가고자 하였죠.

시간이 흐름에 따라 통화량이 늘어나고 화폐가치가 하락하는 특성상, 미국 증시는 아무리 하락해도 결국 전고점을 회복하고 그 이상으로 오르는 모습을 보여왔습니다. 그리고 실제 기록이 보여주듯, 2배, 3배 레버리지 ETF도 결국엔 이전의 고점을 돌파해 왔죠. 이론적으로만 생각하면 "나쁘지 않은데? 어차피 결국 올라갈 테니 이렇게 투자하면 되는 거 아냐?"라는 생각이 들 수 있습니다. 하지만 여기에는 두 가지 함정이 있습니다.

하락을 겪으면 회복까지 훨씬 오래 걸린다

첫 번째, 큰 하락을 겪을 경우 회복까지 더 오랜 시간이 걸린다는 점입니다.

2021년 말부터 2023년까지 진행됐던 미국 증시 조정, 기억 나시나요? 이때 크게 하락했던 나스닥 100 지수가 다시 전고점을 돌파한 건 2023년 하반기였습니다. 대략 2년의 시간이 소요되었죠. 당연히 나스닥 100 지수 성과를 추종하는 QQQ도 2023년 말에 다시 전고점을 되찾고, 더 위로 올라갈 수 있었습니다.

그런데 QQQ가 전고점을 돌파하던 그 시기, TQQQ는 여전히 부진한 모습을 보였습니다. TQQQ가 전고점을 회복하는 시점은 시간이 훨씬 더 지난 2025년 하반기였죠.

"어라, 이상한데? 나스닥 지수가 전고점 뚫었으니, TQQQ도 같이 뚫어 줘야 하는 거 아냐?"라는 의문이 생길 수 있습니다. 하지만 이는 레버리지 ETF의 특성상 자연스러운 일입니다.

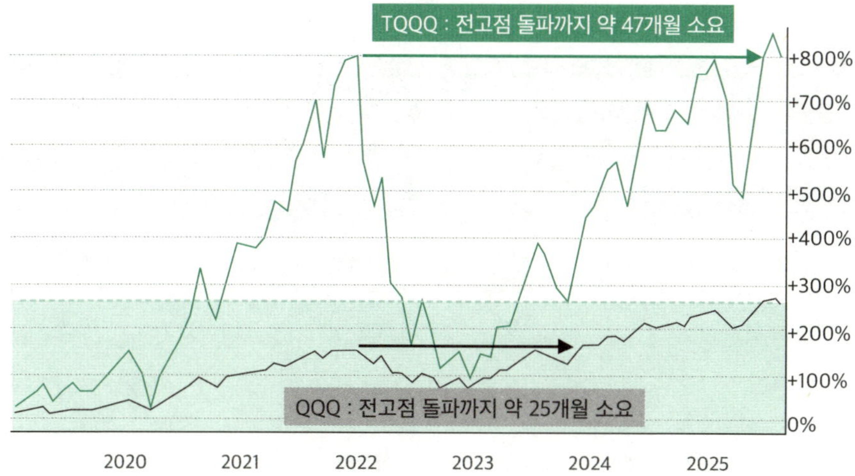

나스닥 100을 1배로 추종하는 QQQ와 3배로 추종하는 TQQQ의 흐름 비교
(자료 : Yahoo Finance)

좀 더 빠른 이해를 위해 가정을 하나 해보겠습니다.

1배짜리 ETF와 3배짜리 ETF가 있다고 합시다. 두 ETF의 시작 가격은 주당 100입니다. 그리고 이들이 추종하는 지수가 앞으로 15일에 걸쳐 매일 3%씩 하락합니다. 15일이 경과된 시점, 1배짜리 ETF의 주가는 63.3입니다. 반면 3배짜리는 무려 24.3까지 하락하네요.

이제 다시 추종 지수가 반등하기 시작합니다. 다시 15일에 걸쳐 매일 3%씩 지수가 상승합니다. 그리고 15일이 지나 1배짜리의 가격은 98.6이 됩니다. 처음의 주가를 얼추 다 회복했습니다만, 3배짜리의 가격은 아직도 88.5입니다. 100이라는 주가에 도달하려면 아직도 4~5일 더 상승해야 합니다.

■ 레버리지 배율별 하락과 회복 시뮬레이션

하루에 3%씩 하락			하루에 3%씩 회복		
기준	1배 (기초 지수)	3배 레버리지	기준	1배 (기초 지수)	3배 레버리지
첫날	100	100	첫날	63.3	24.3
1일 경과	97	91	1일 경과	65.2	26.5
2일 경과	94.1	82.8	2일 경과	67.2	28.9
3일 경과	91.3	75.4	3일 경과	69.2	31.5
4일 경과	88.5	68.6	4일 경과	71.2	34.3
5일 경과	85.9	62.4	5일 경과	73.4	37.4
6일 경과	83.3	56.8	6일 경과	75.6	40.8
7일 경과	80.8	51.7	7일 경과	77.9	44.4
8일 경과	78.4	47	8일 경과	80.2	48.4
9일 경과	76	42.8	9일 경과	82.6	52.8
10일 경과	73.7	38.9	10일 경과	85.1	57.5
11일 경과	71.5	35.4	11일 경과	87.6	62.7
12일 경과	69.4	32.2	12일 경과	90.3	68.3
13일 경과	67.3	29.3	13일 경과	93	74.5
14일 경과	65.3	26.7	14일 경과	95.7	81.2
15일 경과	63.3	24.3	15일 경과	98.6	88.5

유튜버들은 절대 알려주지 않는 **레버리지 ETF의 34가지 비밀**

그렇습니다. 워낙 큰 변동성을 가지고 있기에 하락장을 잘못 맞으면 회복하기까지의 시간이 너무나 오래 걸립니다. 이런 점은 장기 투자를 가로막는 주된 원인이죠. 전고점을 회복하고 그 이상으로 올라가기까지 어쩌면 엄청 긴 시간이 걸릴 수도 있기 때문입니다.

우리는 이성만으로 움직이지 않는다

두 번째, 우리가 이성으로만 움직이지 않는 '인간'이라는 점입니다. 아무리 기계적인 투자를 하려고 해도, 인간인지라 결국엔 감정이 개입됩니다. 앞의 표를 다시 한번 확인해 볼까요? 3배짜리 ETF에서 장기간의 하락을 맞더니 100이었던 주가가 어느덧 24.3이 되었습니다. 반 토막도 아닌 1/4 토막이 된 것이죠. 과연 이 하락률을 버틸 수 있는 사람이 몇이나 될까요? 그리 많지 않을 겁니다.

문제는 여기서 끝나지 않습니다. 그렇게 하락한 주가가 다시 반등하기 시작해도, 훨씬 빠르게 전고점을 되찾는 1배짜리 본 주를 보면 멘탈이 흔들릴 수밖에 없습니다. 분명 단기간 내에 큰 수익을 얻고자 시작한 레버리지 ETF 투자인데, 오히려 시간이 더 걸리는 이상한 일이 발생하고 있기 때문이죠. 결국에는 더욱 무리한 투자를 시도하거나, 기존에 보유 중이던 ETF를 전략 매도하게 되고, 그렇게 레버리지 ETF 무한매수법에 실패하고 맙니다.

물론 이는 단적인 사례일 뿐입니다. 레버리지 ETF 무한매수법이 절대 잘못된 전략이라고 말할 수는 없습니다. 하락장에서 기계적인 추가 매수를 하다 보면 장기적으로 더욱 큰 수익을 거둘 가능성도 있습니다. 여기에다, 운 좋게 상승장을 제대로 만나면 타의 추종을 불허하는 엄청난 수익을 낼 수도 있고요. 다만 이 방법이 상당히 어렵고 힘든 길인 것은 부정하기 힘듭니다. 그 결과가 아무리 달콤하다고 해도 실행하기에 난이도가 매우 높습니다. 이러한 투자 전략을 선택하려면 정말 진지한 고민과 마음의 준비가 되어 있어야 할 것입니다.

레버리지 ETF 무한매수법의 심리적 난이도

- **레버리지 ETF 무한매수법이란?** TQQQ 같은 3배 레버리지 ETF를 적립식으로 꾸준히 매수하고, 하락 시 기계적으로 추가 매수해 평균 단가를 낮추는 전략. 그러나 실전에는 두 가지 핵심 함정이 존재한다.

- **함정 1. 회복까지의 소요 기간** 레버리지 ETF는 변동성이 크기 때문에 하락 폭도 일반 ETF보다 훨씬 깊고, 이를 회복하는 데도 훨씬 긴 시간이 소요된다. 변동성 끌림 현상이 복구 속도 자체를 늦추기 때문.

- **함정 2. 멘탈의 동요** 100이었던 주가가 24까지 떨어지는 상황을 기계적으로 버티는 것은 이론과 달리 현실에서는 거의 불가능하며, 설령 버틴다 해도 기초 지수 ETF가 먼저 회복하는 모습을 보며 멘탈이 흔들려 무리한 추가 매수나 전략 이탈로 이어지기 쉽다.

시장 변동성이 클 때
레버리지·인버스 ETF로
변동성을 줄이는 방법이 있나요?

25

사람들은 레버리지·인버스 ETF를 높은 변동성을 가진 위험한 상품이라고 알고 있습니다. 투자자들의 이해가 동반되지 않는 한 저 역시 그렇게 이야기해 왔고요. 물론 객관적으로 사실입니다. 일반적인 ETF나 우량주 대비 높은 베타전체 주식시장 변화에 대한 주식이나 포트폴리오의 민감도, 높을수록 높은 변동성을 의미함 값을 형성하기 때문이죠. 남들이 1~2씩 움직일 때 이들은 크게는 3~6까지 움직이니까요.

그런데 이런 레버리지·인버스 ETF를 잘만 활용한다면 오히려 내 포트폴리오의 변동성을 낮출 수도 있습니다. 특히나 시장의 변동성이 높은 구간, 그리고 하락장에서 말이죠. 이것이 어떻게 가능한지 하나씩 알아보겠습니다.

헤지란 무엇인가

우선 '헤지'라는 용어에 대해 먼저 공부해야 합니다. 투자에서 사용하는 헤지Hedge는 기본적으로 '상쇄되는 포지션을 함께 가져가며 포트폴리오의 변동성을 줄이는 것'을 의미합니다. 롱 포지션을 메인으로 하되, 숏도 일부 섞음으로써 하락장에서의 변동성을 낮추는 방법이 대표적인 사례입니다. 또한 금, 채권과 같이 상대적으로 안정성이 높은 자산들에 같이 투자하며 포트폴리오의 변동성을 줄이는 것도 헤지라 할 수 있죠.

금융경제학에 따르면 투자 위험은 크게 '체계적 위험Systematic Risk'과 '비체계적 위험Unsystematic Risk'으로 나닙니다.

여기에서 체계적 위험은 아무리 분산 투자를 해도 감소하지 않는 가장

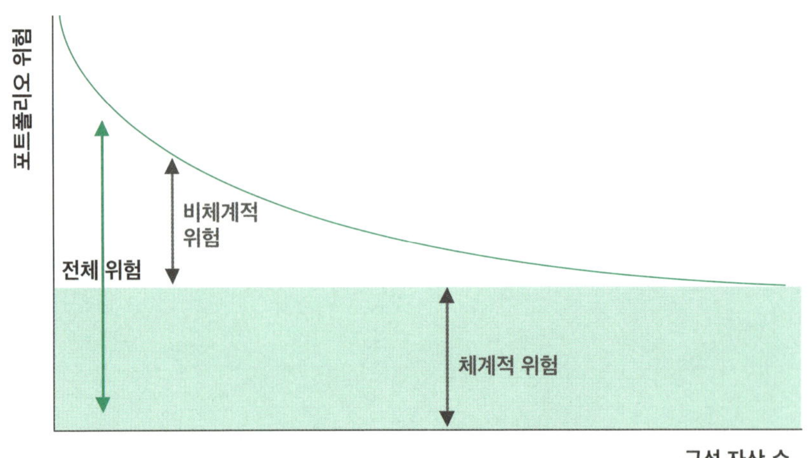

분산 투자를 통한 위험 관리의 원리

원초적인 위험을 의미합니다. 우리가 쉽게 예측할 수 없고, 대응하기도 힘든 위험들이라 할 수 있습니다. 예를 들면 주식시장을 뒤흔들 수 있는 전쟁, 자연재해, 전염병코로나 팬데믹 등이 여기에 해당하겠죠. 투자 과정에서 맞이할 수 있는 '피할 수 없는 위험'인 셈입니다.

반면 비체계적 위험은 '피할 수 있는 위험'을 뜻합니다. 특히나 개별 종목과 관련된 이슈들이 여기에 해당하죠. 특정 기업의 악재로 인한 하락, 기대를 하회하는 실적으로 인한 주가 폭락 등이 여기에 속하는데요. 이는 분산 투자를 통해 줄여 나갈 수 있습니다.

ETF를 통해 총 100개의 기업에 투자하고 있다고 가정해 봅시다. 각 종목의 비중은 1%입니다. 그런 상황에서 2개의 종목이 실적발표 부진으로 인하여 주가가 급락했습니다. 하지만 전체 투자 실적에 대한 타격은 미비합니다. 100% 중 2%에 해당하는 종목만 주가가 하락했기 때문이죠다. 만약 그 2개의 종목에만 집중 투자했다면 엄청난 리스크가 따랐겠지만 분산 투자를 통해 비체계적 위험을 줄인 결과 포트폴리오의 안정성이 높아졌습니다.

개인 투자자가 헤지를 활용하는 방법

보통 기관 투자자들은 선물이나 옵션 같은 파생상품을 활용하여 헤지를

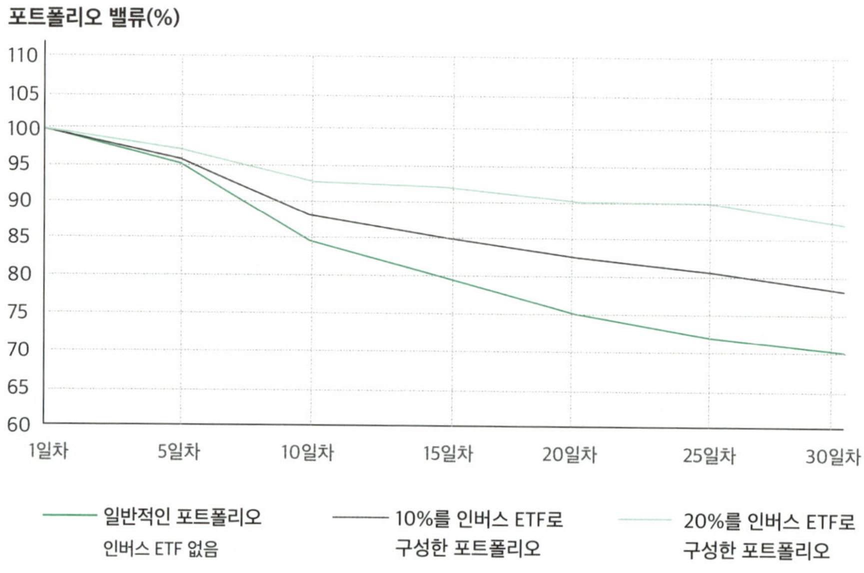

하락장에서 인버스를 편입할 경우 생기는 주가 방어 효과

합니다. 하지만 개인 투자자들이 이런 상품을 활용하기는 쉽지 않습니다. 그런 상황에서 레버리지 ETF와 인버스 ETF를 활용한다면 충분히 비슷한 헤지 효과를 만들어낼 수 있습니다. 그리고 이는 변동성이 갑작스럽게 높아지는 급락장에서 가장 큰 빛을 발합니다. 코로나 팬데믹으로 전 세계 증시가 단기간에 무너진 2020년 3월과, 트럼프의 관세전쟁 시작과 함께 미국 증시가 엄청난 변동성을 보인 2025년 4월이 대표 사례들이죠.

방법은 이렇습니다. 증시가 과열 상태에 들어선 것 같거나, 조만간 증시의 변동성을 끌어 올릴만한 이슈가 생길 것 같으면전쟁 발발 등 포트폴리오에 지수 성과 추종 인버스 ETF를 약간 섞어줍니다. 그 비중은 전체 포트폴리오의 5~20% 정도로 하며, -2배, -3배짜리도 상관없습니다. 전략에 따라 지수 성과 추종 ETF가 아닌 개별 주식 추종 ETF를 담을 수도 있고요.

이런 상태에서 본격적인 하락장에 진입합니다. 이런저런 이슈가 쏟아지며 하락 폭이 점점 더 커집니다. 만약 일반 ETF만 들고 있었다면, 또는 특정 종목에만 투자하고 있었다면 이런 급락장에서 따로 대응할 방법이 없습니다. 그나마 일찍 매도 후 주가가 더 내려가기를 기다리거나, 보유 중이던 현금으로 추가 매수를 하는 것뿐이죠.

하지만 미리 인버스 ETF를 섞어줬다면? 하락장에서도 조금이나마 돈을 벌 수 있습니다. 포트폴리오 전체 하락률은 포트에 담긴 인버스 ETF만큼 상쇄됩니다. 그리고 주가가 상승한 인버스 ETF들을 팔아 하락한 일반 주식들을 주워 담을 수도 있습니다. 하락장에서의 포트폴리오 변동성도 낮추고, 투자 중인 종목들의 보유 수량도 늘릴 수 있죠.

단계별 방어 규칙으로 기계적으로 접근하기

여기에서 다음과 같은 의문이 생길 수 있습니다. "과연 증시가 하락장에 진입한 것인지 어떻게 알 수 있나요?", "하락장이라고 인버스 ETF를 계속 샀는데, 얼마 안 가 증시가 다시 반등하면 어떡하나요?"

이는 '단계별 방어 규칙'을 만들어 기계적 매수로 접근하면 충분히 해결

할 수 있습니다.

증시가 고점 대비 -10%를 기록하면 포트폴리오 비중의 10%를 인버스 ETF로 편입합니다. 그런데도 증시가 계속 하락해서 -20%를 기록하면 인버스 ETF 비중을 20%로 올립니다. 그리고 증시의 하락 폭이 -30%까지 커진다면? 또 한 번 인버스 ETF 비중을 30%로 올립니다.

이렇게 기계적인 매수로 접근한다면 진입 시점에 대한 고민도 덜 수 있고, 하락장에서 헤징 효과도 함께 가져갈 수 있습니다. 증시가 반등 신호를 보이면 그동안 오른 인버스 ETF들을 매도한 후 많이 하락한 일반 주식들을 주워 담으면 되고요.

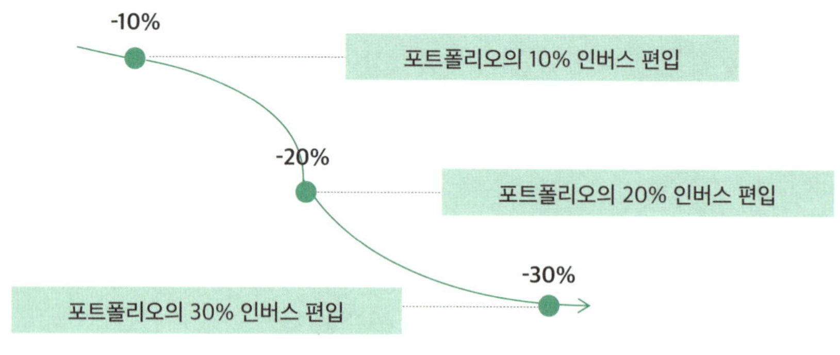

하락장에서의 인버스 단계별 방어 규칙

물론 미국 증시는 장기적 관점에서 우상향합니다. 그렇기에 하락장이 마무리되고 다시 반등을 시작하면 인버스 ETF에 대한 포지션도 정리해 나가야 합니다. 이런 경우에는 오히려 레버리지 ETF에 투자하며 기대수익률을 높여볼 수도 있겠죠.

높은 변동성을 가지기로 유명한, 그렇기에 고위험 상품으로 인식되는 레버리지·인버스 ETF. 잘 활용하기만 하면 오히려 포트폴리오의 변동성을 낮출 수 있습니다.

레버리지·인버스 ETF를 변동성 헤지에 활용하기

- **헤지란?** 상쇄되는 포지션을 함께 가져가며 포트폴리오의 변동성을 줄이는 전략.

- **인버스 ETF 활용하기** 기관 투자자들은 선물·옵션으로 헤지하지만, 개인 투자자는 인버스 ETF로 유사한 효과를 낼 수 있다. 증시 과열이 감지되거나 변동성 확대 요인이 보일 때, 포트폴리오의 5~20% 비중으로 인버스 ETF를 편입해 두는 것.

✓ **CHECKLIST**

- **단계별 방어 규칙** 고점 대비 -10% 하락 시 인버스 ETF 10% 편입, -20%에서 20%로 확대, -30%에서 30%로 확대하는 식으로 기계적으로 접근할 것.

- **반등 신호** 낙폭이 축소되며 반등 신호가 보이면 인버스 ETF를 정리하고, 상승장 전환 시에는 레버리지 ETF로 기대수익률을 높이는 방향으로 전환할 것.

시장이 요동칠 때는 어떤 ETF를 골라야 할까요?

26

앞서 인버스 ETF를 활용한 헤지 전략을 살펴봤다면, 이번에는 변동성 자체를 수익 기회로 삼는 방법에 대해 알아보겠습니다. 시장의 변동성을 활용하여 투자하는 데는 여러 방법이 있습니다. ❶ 변동성 자체에 투자하는 ETF, ❷ 레버리지 ETF, 그리고 ❸ 하락장에서 상승하는 인버스 ETF인 버스 레버리지 포함를 활용하는 것입니다.

변동성 자체에 투자하는 ETF 그리고 VIX란 무엇인가

우선 변동성 자체에 투자하는 ETF에 대해 알아보겠습니다. 이게 뭐냐면요, 시장의 변동성이 높아지면 주가가 오르고, 반대의 경우에는 하락하거나 횡보하는 ETF입니다. 이를 제대로 이해하기 위해 VIX 지수에 대해 공부해야 합니다.

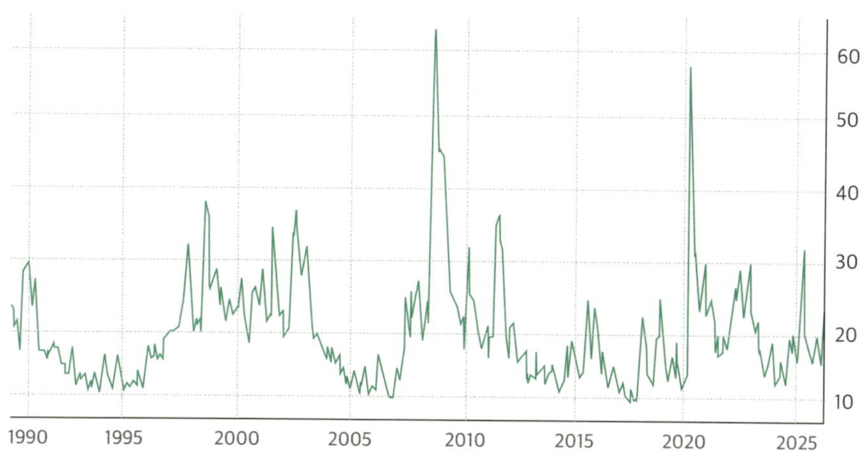

VIX 지수의 장기 흐름

(자료 : CBOE 시카고 옵션 거래소)

VIX 지수는 시카고 옵션 거래소CBOE에서 발표하는 지표로, S&P 500 지수 옵션의 향후 30일간 기대 변동성을 나타냅니다. 쉽게 말하면, 앞으로 30일 동안 미국 증시S&P 500에서 나타날 수 있는 출렁임에 대한 시장의 예상치를 나타내는 지표입니다. 미국 증시의 공포 측정기라고도 할 수 있죠.

이 지수가 높아진다는 것은 그만큼 투자자들이 "시장이 앞으로 크게 출렁일 거야!"라고 생각한다는 의미입니다. 반대로 높은 구간에서 다시 낮아지거나, 이미 낮은 상태라면 "시장이 안정적이겠네"라고 생각한다는 뜻이고요.

주식시장이 급격하게 불안해지거나 무언가 증시를 하락시킬 만한 큰 이슈가 터질 것 같으면 투자자들은주로 기관 투자자 옵션 투자를 통해 리스크를 관리하려고 합니다. 이때 옵션 가격이 오르게 되고, VIX 지수는 그걸 반영하며 급등하게 됩니다. 즉, VIX 지수의 움직임이 투자자들의 심리 상태를 보여주는 셈이죠. 실제로 코로나 팬데믹, 러시아-우크라이나 전쟁 발발, 트럼프 대통령의 관세 전쟁 그리고 이스라엘과 미국의 이란 공격 등, 주요 이벤트들이 생겨날 때마다 VIX 지수가 단기간에 급등하곤 했고요.

VIX 지수를 추종하는 ETF 활용법

그렇다면 VIX 지수가 급등하는 국면을 어떻게 투자에 활용할 수 있을까요? 바로 VIX 지수의 움직임을 추종하는 ETF를 활용하는 것입니다. 미국에는 VIX 지수를 기초로 하는 ETFETN 포함들이 많은데요, VIX 지수를 1배 롱으로 추종하는 상품부터 1.5배, 2배에 이르는 레버리지 상품들이 존재하며, 인버스 상품도 있습니다.

우선 롱Long 방향 상품으로는 VIX 지수를 1배로 추종하는 VXX와 VIXY, VIXM가 있습니다. 거기에서 더 나아가면 VIX 지수를 1.5배, 2배로 추종하는 UVXY, UVIX도 있죠.

다만 이런 레버리지 상품들은 엄청난 주가 변동성을 가지고 있기에 조심해서 투자할 필요가 있습니다. 안 그래도 증시의 변동성이 높아지는 상황에서 엄청난 주가 변동성을 보이기 때문이죠. 당장 VIX 지수 추종 2배

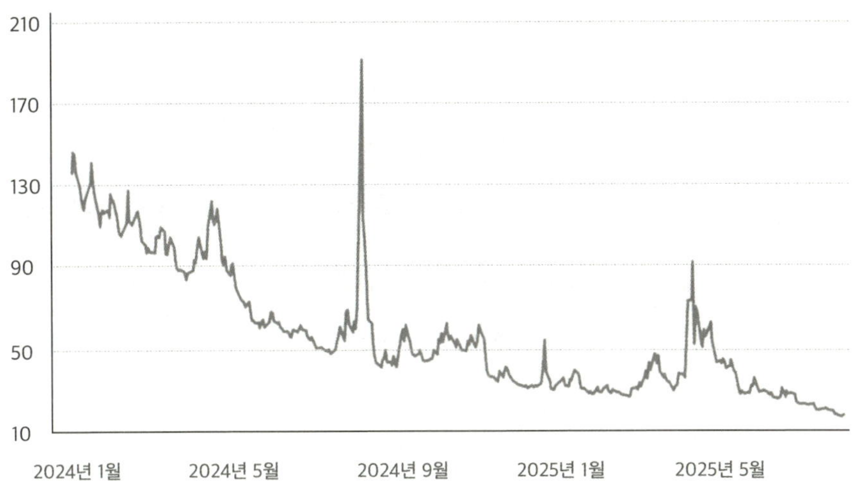

엄청난 주가 변동성을 보이는 VIX 지수 2배 추종 ETF, UVIX

(자료 : Bloomberg)

■ VIX 지수 관련 주요 ETF 현황

티커	배수	기초 자산	연간 운용보수
VXX	1x	S&P 500 VIX Short-Term Futures Index	0.89%
VIXY	1x		0.85%
VIXM	1x	S&P 500 VIX Mid-Term Futures Index	0.85%
UVXY	1.5x		0.95%
UVIX	2x	S&P 500 VIX Short-Term Futures Index	2.17%
SVIX	-1x		1.47%
SVXY	-0.5x		0.95%

레버리지 ETF인 UVIX만 보더라도 주가가 심하게는 한두 달 사이 3~4배나 치솟고, 또 폭락하는 모습을 보였습니다.

그 외에 VIX 지수를 반대로 추종하는 인버스 ETF들도 있습니다. VIX 지수를 -1배로 추종하는 SVIX와 -0.5배로 추종하는 SVXY가 그 주인공입니다. 이 상품들은 이미 VIX 지수가 급등한 상황에서 투자하는 것이 좋겠죠? 결국 증시는 안정성을 되찾고, 폭등한 VIX 지수는 서서히 다시 내려갈 것을, 역사를 통해 확인해 왔기 때문입니다.

상승 변동성을 활용하는 레버리지 ETF

시장의 변동성이 높아지는 상황에서 활용할 수 있는 두 번째 방법은 바로 레버리지 ETF 투자입니다. 증시의 변동성은 하락장에서만 적용되는 것이 아닙니다. 상승장에서도 적용되는 말인데요, 증시가 엄청난 속도로 상승할 때도 높은 변동성을 가진다고 할 수 있습니다. 코로나 팬데믹이 터진 직후 전 세계적인 양적완화·제로금리 정책으로 인해 글로벌 증시가 치솟았던 때, 그리고 트럼프 관세전쟁으로 인해 급락한 미국 증시가 단기간에 빠르게 회복한 경우처럼요.

이처럼 증시의 상승 모멘텀이 강력하거나 오랜 시간 상승장이 지속된다면 레버리지 ETF를 통해 수익성을 극대화하는 것이 가능합니다. 포트폴리오에 레버리지 ETF를 일부 섞어줌으로써 단기간에 높은 수익을 추구하는 거죠. 보통은 미국 대표 지수 추종 레버리지 ETF, 또는 주요 테마 레버리지 ETF 반도체 등를 사용하는데요, 가장 대표적인 상품들은 아래와 같습니다.

■ 주요 레버리지 ETF 현황

티커	배수	기초 자산 및 추종 배율	연간 운용보수
SSO	2x	S&P 500 지수 일일 수익률 2배 추종	0.87%
UPRO	3x	S&P 500 지수 일일 수익률 3배 추종	0.89%
SPXL	3x	S&P 500 지수 일일 수익률 3배 추종	0.84%
QLD	2x	나스닥 100 지수 일일 수익률 2배 추종	0.95%
TQQQ	3x	나스닥 100 지수 일일 수익률 3배 추종	0.82%
SOXL	3x	ICE 반도체 지수 일일 수익률 3배 추종	0.75%
FNGU	3x	FANG 기업 일일 수익률 3배 추종	2.60%
TSLL	2x	테슬라 일일 수익률 2배 추종	0.83%
NVDX	2x	엔비디아 일일 수익률 2배 추종	1.05%

S&P 500 지수의 일일 수익률을 2배로 추종하는 SSO부터 3배 추종 상품인 UPRO, SPXL 등이 있습니다. 그 외에 나스닥 100 지수의 일일 수익률을 2배, 3배로 추종하는 QLD와 TQQQ도 있고요.

이 밖에도 미국의 주요 반도체 기업들에 투자하며 일일 수익률을 3배로 추종하는 SOXL과 FANG+ 빅테크 기업들에 3배로 투자하는 FNGU도 있고, TSLL과 NVDX와 같이 개별 종목의 일일 수익률을 2배로 추종하는 상품들에도 투자할 수 있습니다. 워낙 많은 레버리지 상품들이 미국 증시에 상장되어 있기에, 이들을 살펴보며 내 입맛에 맞는 상품들을 찾아보는 것도 재밌겠죠?

하락 변동성을 활용하는 인버스 ETF

반대로 증시가 본격적으로 하락하기 시작하며 변동성이 높아질 때는 인버스 ETF를 통해 그 변동성을 활용할 수 있습니다. 이를 통해 하락장에서의 수익 확보와 함께 포트폴리오 헤지 효과도 누릴 수 있게 됩니다.

대표적인 상품들은 다음과 같습니다. S&P 500 지수의 일일 수익률을 역으로 추종하는 SH를 시작으로 2배, 3배 인버스 ETF인 SDS와 SPXU가 존재합니다. 나스닥 지수 또한 각각 PSQ, QID, SQQQ가 있죠. 그 중 SQQQ는 이미 한국 투자자들이 많이 활용하는 인버스 ETF 중 하나입니다. 그 외

　　유튜버들은 절대 알려주지 않는 **레버리지 ETF의 34가지 비밀**

에 SOXL미국 반도체 3배 레버리지의 반대 특성을 가진 SOXS미국 반도체 3배 인

버스도 많이 투자되는 인버스 ETF 중 하나이며, TSLQ, NVDQ와 같이 특정

개별 주식을 역으로 추종하는 인버스 상품들도 존재합니다.

■ 주요 인버스 ETF 현황

티커	배수	기초 자산 및 추종 배율	연간 운용보수
SH	-1x	S&P 500 지수 일일 수익률 1배 역추종	0.89%
SDS	-2x	S&P 500 지수 일일 수익률 2배 역추종	0.91%
SPXU	-3x	S&P 500 지수 일일 수익률 3배 역추종	0.90%
PSQ	-1x	나스닥 100 지수 일일 수익률 1배 역추종	0.95%
QID	-2x	나스닥 100 지수 일일 수익률 2배 역추종	0.95%
SQQQ	-3x	나스닥 100 지수 일일 수익률 3배 역추종	0.95%
SOXS	-3x	ICE 반도체 지수 일일 수익률 3배 역추종	1.00%
TSLQ	-2x	테슬라 일일 수익률 2배 역추종	1.17%
NVDQ	-2x	엔비디아 일일 수익률 2배 역추종	1.05%

변동성에 맞춰 ETF 선택하기

- 완만한 시장에선 지수형(1배)을, 강한 추세장에선 레버리지·인버스(2~3배)를 활용하는 유연함이 필요.

- **공포지수**(VIX) 시장의 방향성보다는 얼마나 세게 흔들리느냐에 베팅하고 싶을 때 유용함.

- **변동성 자체에 투자하는 VIX 추종 ETF** 공포 지수를 추종하는 ETF에 투자하면 증시 급락 국면에서 수익을 낼 수 있다. 반대로 공포가 극에 달한 뒤 시장이 안정을 되찾는 시점에는 VIX 추종 인버스 ETF가 유효하다.

- **상승 변동성을 활용하는 레버리지 ETF** 강한 상승 모멘텀이 확인되는 국면에서는 레버리지 ETF로 수익성을 극대화할 수 있다.

- **하락 변동성을 활용하는 인버스 ETF** 본격적인 하락장에서는 인버스 ETF로 수익을 확보하면서 동시에 포트폴리오 헤지 효과도 누릴 수 있다.

✓ CHECKLIST

- **수수료 확인** 특히 VIX 레버리지 ETF(UVIX 등)는 운용보수가 2%가 넘는 등 매우 비싼 것을 확인했는가?

레버리지·인버스 ETF의
승률을 높이는
방법이 있나요?

27

거듭 강조했듯, 레버리지·인버스 ETF는 횡보장에서 취약합니다. 따라서 상승이든 하락이든 방향성이 뚜렷하게 나올 가능성이 높은 시점에 투자하는 것이 유리합니다. 증시가 이미 많이 빠진 상황에서 레버리지 ETF를, 반대로 오를 만큼 올라 과열된 상태에서 인버스 ETF를 매수하는 방식으로 말이죠. 시점만 잘 잡는다면 반등기나 본격적인 조정 국면에서 단기간에 큰 수익을 누릴 수 있습니다.

그런데 여기서 자연스럽게 한 가지 의문이 생깁니다. 증시가 충분히 빠졌는지, 지금이 단기 고점인지를 어떻게 알 수 있을까요?

당연한 말이지만, 저점과 고점을 정확히 맞추는 것은 사실상 불가능합니다. 한두 번은 운 좋게 맞힐 수 있어도, 매번 적중시키는 건 신의 영역에 가깝습니다. 다만 시장 참여자들의 심리를 보여주는 'CNN 공포탐욕지수'를 참고하면, 이를 판단하는 데 꽤 유용한 단서를 얻을 수 있습니다.

공포와 탐욕이 만들어내는 시장의 패턴

CNN 공포탐욕지수CNN Fear and Greed Index는 주식시장 참여자들의 전반적인 투자 심리 상태를 보여주는 지표로, 시장의 과열 또는 공포 정도를 측정하기 위해 CNN이 만들었습니다. 과도한 두려움은 주가를 하락시키고, 지나친 탐욕은 역효과를 낳는다는 논리에 기반하여 만들어진 지표이죠.

0부터 100까지 총 5단계에 걸쳐 심리 상태를 측정하는데요, 0에 가까울수록 극단적인 공포를, 100으로 갈수록 극단적인 탐욕을 보여줍니다.

극단적 공포 Extreme Fear **(0~25)** ←·····→ **극단적 탐욕**Extreme Greed **(75~100)**

CNN 공포탐욕지수와 S&P 500의 흐름을 비교한 자료

(자료 : Macromicro)

 유튜버들은 절대 알려주지 않는 **레버리지 ETF의 34가지 비밀**

CNN 공포탐욕지수와 S&P 500 지수를 함께 놓고 보면 흥미로운 패턴이 보입니다. 공포탐욕지수가 '극단적 탐욕'에 들어가던 시기는 증시의 단기 고점과 겹치는 경우가 많았고, 반대로 극단적 공포에 들어가던 시기는 조정의 마무리 국면과 맞닿아 있는 경우가 많았습니다. 정확한 타이밍까지는 아니더라도, 이 지표 하나만으로도 고점과 저점을 어느 정도 가늠할 수 있었다는 뜻입니다.

이를 참고하여 레버리지·인버스 ETF에 투자한다면 충분히 매력적인 투자 시점을 포착할 수 있을 것입니다. 그리고 이런 시기에 올라탄 레버리지·인버스 ETF 투자는 실로 엄청난 성과를 가져다주기도 합니다.

트럼프가 전 세계를 상대로 엄청난 상호 관세를 발표하며 본격적인 무역전쟁을 선언했던 2025년 3~4월, 공포탐욕지수는 무려 3이라는 역사적

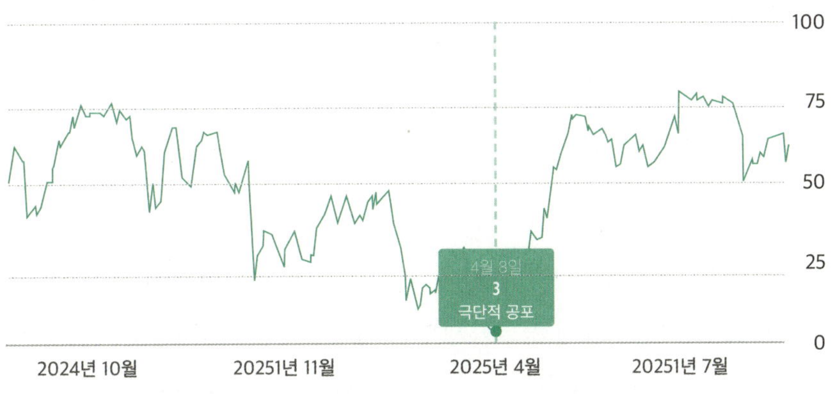

2025년 4월 8일에 3을 찍은 CNN 공포탐욕지수
(자료 : CNN)

저점을 기록했습니다. 시장은 그야말로 공포 그 자체에 휩싸여 있었습니다. 하지만 얼마 안 가 트럼프의 완화적인 스탠스가 시작되자, 미국 증시는 빠르게 반등하기 시작합니다.

당시 16,500 정도까지 하락했던 나스닥 100 지수는 급격한 반등을 시작하였고, 2025년 8월에는 무려 24,000포인트라는 경이로운 숫자를 기록하게 됩니다. 불과 4개월 만에요.

만약 공포탐욕지수가 3을 찍던 시기에 우리가 나스닥 100 지수의 일간 수익률을 3배로 추종하는 TQQQ에 투자했다면? 겨우 4개월 남짓한 시간 만에 150%가 넘는 수익률을 손에 쥘 수 있었을 겁니다.

반대로 공포탐욕지수가 83이라는 역사적 수치를 찍었던 2023년 6월 24일 인버스 ETF에 투자했다면? 당시 4,550 수준을 기록하던 S&P 500 지수는 서서히 하락하기 시작하였고, 약 4개월이 지난 10월 27일, 4,100 초반대까지 떨어지게 됩니다. 대략 10% 정도가 하락한 거죠. 만약 80이 넘는 극단적 탐욕 구간에서 3배짜리 인버스 ETF를 샀다면, 3개월에 걸친 시간 동안 하락장에서도 충분히 괜찮은 수익을 낼 수 있었을 겁니다.

이처럼 이처럼 레버리지·인버스 ETF는 그 특성상 증시의 방향성이 뚜렷하게 나타나는 상황에서 투자해야 더 좋은 성과를 기대할 수 있습니다. 물론 그 시점을 정확히 포착하는 일은 쉽지 않으나, 시장 심리 지표와 과거의 유사 사례들을 함께 살펴본다면 유의미한 성과를 노릴 수 있습니다.

승률을 높이는 투자 타이밍

- **역행 투자** 레버리지와 인버스 ETF는 대중의 심리와 반대로 움직일 때 가장 큰 수익 기회를 준다.
- **방향성 확인** 횡보장에서는 지표가 무의미할 수 있으나, 극단적 수치에서는 신뢰도가 매우 높아진다.
- **방향성이 뚜렷한 국면을 찾는 노하우** CNN 공포탐욕지수를 활용하면 유의미한 단서를 얻을 수 있다. 과거 데이터를 보면 지수가 극단적 탐욕 구간에 진입할 때 증시의 단기 고점과 겹치고, 극단적 공포 구간은 조정 마무리 국면과 겹치는 경우가 많았다.

✓ CHECKLIST

- ☐ **지표 맹신 금지** 공포탐욕지수가 0에 가깝다 해도, 바로 내일 반등한다는 뜻은 아니다. 지표가 낮은 상태로 오래 머무를 수 있음을 인지했는가?

비슷한 ETF들 중에서
어떤 것이
더 유리할까요?

28

미국과 한국 시장의 ETF들을 공부하다 보면 같은 기초 지수를 동일한 배율로 추종하는 ETF가 여럿 존재한다는 것을 알게 됩니다. S&P 500 지수를 3배로 추종하는 UPRO와 SPXL이 대표적이고, 국내 시장에서도 TIGER 레버리지와 KODEX 레버리지가 나란히 코스피 200 지수를 2배로 추종하고 있습니다.

그렇다면 이렇게 동일한 벤치마크의 일별 수익률을 똑같이 추적하는 ETF 중에서 어떤 걸 선택해야 할까요? UPRO와 SPXL 중 어느 쪽이 더 나은 선택일까요?

절대적인 정답은 없지만, 다음 네 가지 기준을 적용하면 보다 합리적인 선택이 가능한데요. ❶ 운용보수, ❷ 유동성, ❸ 추적 오차, ❹ 발행사와 역사입니다.

■ 같은 지수를 같은 배수로 추종하는 레버리지·인버스 ETF 사례

티커	추종 지수	배수	연간 운용보수	운용자산 규모	3개월 평균 거래량
SSO		2x	0.87%	81억 달러	약 430만 주
SPUU		2x	0.60%	2억 달러	약 2.7만 주
UPRO		3x	0.89%	48억 달러	약 440만 주
SPXL	S&P 500	3x	0.91%	57억 달러	약 280만 주
SH		-1x	0.89%	10억 달러	약 907만 주
SPDN		-1x	0.58%	2억 달러	약 3,520만 주
SPXU		-3x	0.89%	4억 달러	약 661만 주
SPXS		-3x	1.07%	3억 달러	약 1,111만 주

운용보수가 낮은가?

가장 먼저 고려해야 할 것은 바로 운용보수Expense Ratio입니다. 낮으면 낮을수록 좋습니다.

레버리지·인버스 ETF는 복잡한 상품 구조와 다양한 파생상품 활용으로 인하여 일반 ETF보다 운용보수가 훨씬 높습니다. 일례로, S&P 500 지수를 1배로 추종하는 VOO의 연간 보수가 0.03%에 불과한 것에 반해, 3배 레버리지 상품인 UPRO는 0.89%에 달합니다. 그만큼 운용보수가 실질적

인 투자 성과에 끼치는 영향이 훨씬 큽니다.

같은 지수를 같은 배율로 추종하는 상품이 여럿 있다면, 운용보수가 조금이라도 낮은 쪽을 택하는 것이 현명합니다. S&P 500을 3배로 추종하는 ETF인 UPRO와 SPXL을 예로 들어 볼까요. 각각의 연간 운용보수는 0.89%(UPRO)와 0.91%(SPXL)입니다. 두 ETF 간의 운용자산 규모와 평균 거래량이 비슷하다는 점을 고려한다면 UPRO가 수익 측면에서 유리합니다. 0.02%의 차이가 작아 보여도, 투자 규모가 커질수록 무시할 수 없는 금액이 될 테니까요.

물론 레버리지·인버스 ETF는 대부분 단기 트레이딩 용도로 활용되는 만큼, 연간 보수의 체감 부담은 크지 않을 수 있습니다. 딱 한 달만 보유한다면 실제 부담은 연간 보수의 1/12에 불과하니까요. 그렇더라도 운용보수는 매일 조금씩 차감된다는 사실! 선택지가 여럿 있는 상황에서 굳이 더 비싼 상품을 고를 이유는 없겠죠.

거래량이 충분한가?

운용보수 못지않게 중요한 요소가 있는데요, 바로 유동성Liquidity입니다. 단기 투자 위주로 사용하는 레버리지·인버스 ETF의 특성상, 원할 때 쉽게 사고팔 수 있어야 합니다. 그러기 위해서는 충분한 운용자산 규모AUM와 거래량이 뒷받침되어야 합니다. 즉, 이왕이면 자산 규모가 더 크고, 거래량이 많은 ETF에 투자해야 하는 것이죠.

S&P 500 지수를 2배로 추종하는 대표적인 ETF로 SSO와 SPUU가 있습니다. 그런데 이 두 ETF의 운용규모 차이는 실로 엄청납니다. SSO의 운용자산은 70억 달러에 달하는 반면, SPUU는 2억 달러 수준입니다. 거래량 격차도 극명합니다. SSO의 3개월 평균 거래량이 약 430만 주인 데 비해 SPUU는 2.7만 주에 불과합니다. 소액 투자라면 크게 문제 되지 않겠지만, 투자 규모가 커질수록 신경 쓰일 수밖에 없는 부분입니다. 이 경우, 설령 SPUU의 운용보수가 더 낮더라도 SSO에 투자하는 것이 훨씬 마음 편하겠죠. 정말 필요한 순간 주식을 더 빠르게 사고팔 수 있을 테니까요.

따라서 운용보수 차이가 그리 크지 않다면, 운용자산 규모가 크고 거래량이 풍부한 ETF를 우선적으로 고려하는 것이 좋습니다.

약속한 배율을 제대로 지키는가?

이와 더불어, 추적 오차Tracking Error가 조금 더 낮은 상품을 선택하는 것도 중요합니다. 추적 오차는 ETF의 순자산가치NAV와 기초 지수 수익률 간 차이를 의미합니다. 해당 ETF가 얼마나 기초 지수를 잘 따라가는지를 보여주는 지표인데요, 변동성이 큰 레버리지·인버스 ETF에서 더 중요하게 여겨지는 개념입니다. ETF의 보수나 분배금배당, 지수, 포트폴리오 구성종목 변경 등에 의해 발생할 수 있죠.

만약 투자한 ETF가 벤치마크의 일간 수익률을 제대로 따라가지 못한다면, 단기적으로는 미미해 보이더라도 장기 보유 시 누적 수익률에 적지 않은 영향을 미칩니다. 같은 지수를 같은 배율로 추종하는 상품들 사이에서 과거 추적 오차가 덜했던 상품을 고르는 것이 좋습니다.

이런 추적 오차는 각 증권사의 MTS와 HTS에서 쉽게 확인할 수 있으니, 직접 한 번 찾아보길 추천합니다. 해당 ETF를 검색 후 상세 종목 정보 페이지에서 확인할 수 있습니다. 운용사 홈페이지의 상품 소개 페이지에서도 볼 수 있고요.

종목개요

자산	11,921,505,241	발행주수	443,100,000
보수(%)	0.75%	배수	3
배당수익률(%)	1.08%	배당주기	분기
설정일	2010.03.11	운용사	Direxion Funds
모닝스타평가	★★★★★	NAV/NAV등락	27.2990 -7.0703
자산유형	Miscellaneous	추적오차	84.91
카테고리유형	Trading--Leveraged Equity		
자산군	Miscellaneous		
추적지수	S&P 500 TR USD		

종목개요

자산	26,744,617,588	발행주수	288,000,000
보수(%)	0.84%	배수	3
배당수익률(%)	1.04%	배당주기	분기
설정일	2010.02.09	운용사	ProShares
모닝스타평가	★★★★★	NAV/NAV등락	93.1868 -1.5777
자산유형	Miscellaneous	추적오차	43.73
카테고리유형	Trading--Leveraged Equity		
자산군	Miscellaneous		
추적지수	NASDAQ Composite TR USD		

SOXL vs. TQQQ 추적오차. 증권사 MTS에서 쉽게 확인할 수 있다.
(출처 : 영웅문S#)

 유튜버들은 절대 알려주지 않는 **레버리지 ETF의 34가지 비밀**

믿고 맡길 수 있는 대형사인가?

마지막으로 이왕이면 전체 운용자금 규모가 큰 회사, 그리고 ETF 운용 역사가 오래된 회사의 상품들에 투자하는 것이 좋습니다.

물론 ETF가 상장폐지된다고 해서 투자금이 통째로 사라지는 것은 아닙니다. 그럼에도 내가 투자한 상품이 안정적인 환경에서 운용되길 바라는 것은 자연스러운 심리겠죠. 특히 변동성이 크고 구조도 복잡한 레버리지·인버스 ETF라면, 탄탄한 기반을 가진 운용사라는 사실 자체가 심리적 안정감으로 이어집니다. 투자 도중에 발생할 수 있는, 운용사의 파산 등과 같은 위험 부담도 피할 수 있고요.

만약 투자하려는 ETF가 비슷한 것 하나 없는 유일무이한 상품이라면 선택의 여지가 없습니다. 하지만 비슷한 성격의 상품이 여럿 존재한다면, 운용 역사가 길고 다양한 상품을 안정적으로 운용해 온 회사의 ETF를 우선적으로 고려하는 것이 바람직하겠습니다.

같은 듯 다른 ETF, 어떻게 고를까

● **운용보수** 레버리지·인버스 ETF는 일반 ETF보다 운용보수가 훨씬 높고, 복리 효과로 인해 장기 보유 시 누적 비용 차이가 커진다. 단기 트레이딩 목적이라도 선택지가 여럿이라면 보수가 낮은 쪽을 택하는 것이 유리하다.

● **유동성** 원하는 시점에 빠르게 사고팔 수 있어야 하는 레버리지·인버스 ETF의 특성상, 유동성은 운용보수만큼 중요한 선택 기준이다.

● **추적 오차** ETF가 기초 지수를 얼마나 정확히 따라가는지를 나타내는 지표. 단기적으로는 미미해 보여도 누적될 경우 수익률에 적지 않은 영향을 준다.

● **운용사 신뢰도** 전체 운용자산 규모가 크고 운용 역사가 긴 회사의 상품이 심리적 안정감과 실질적 안전성 모두를 제공한다.

기관 투자자들도
레버리지·인버스 ETF를
활용하나요?

29

결론부터 말씀드리면 기관 투자자들도 레버리지·인버스 ETF를 사용합니다. 다만 개인들과 달리 이를 주력 상품으로 사용하지는 않습니다. 선물·옵션 같은 파생상품을 훨씬 더 많이 사용하며, ETF는 단기 리스크 관리 용도나 전략적 포지션 조정 용도 정도로만 작게, 잠시 사용하는 편입니다.

기관들은 리스크 관리와 헤지를 위해 선물·옵션·스왑 등 파생상품을 주로 활용합니다. 이를 통해 훨씬 더 저렴한 가격으로 원하는 포지션을 정밀하게 설계할 수 있습니다. 또한 대규모 자금으로 포지션을 설정하는 것도 가능하고요.

그러나 개인들은 기관 투자자처럼 자유롭게 파생상품을 활용하기가 어렵습니다. 이런 상품들에 접근하는 것도 어렵고, 또 투자금 자체가 비교할 수 없기 때문에 자신에게 맞는 상품을 설계하는 것도 사실상 불가능합니다. 그러다 보니 자연스럽게 접근이 쉬운 레버리지·인버스 ETF로 쏠리게 되죠.

　물론 기관 투자자라고 해서 레버리지·인버스 ETF를 아예 사용하지 않는 건 아닙니다. 실제로 코로나 팬데믹으로 인해 미국 증시가 급락하던 시기, 일부 헤지펀드와 연기금들이 S&P 500 인버스 ETFSH, SDS 등를 활용해서 포트폴리오의 손실을 줄이기도 하였습니다. 즉시 시장에서 매매가 가능하고 법적인 규제가 적다는 점이 당시에 큰 빛을 발했던 것입니다. 국내에서도 금융감독원 공시 자료를 보면 일부 기관들이 코스피 200 지수 레버리지·인버스 상품을 일정 비율로 보유하는 경우가 종종 포착되기도 하고요.

　많은 개인들이 레버리지·인버스 ETF를 단타 및 투기용으로 활용합니다. 단기간에 큰 수익을 내기 위한 투자처로 인식하는 것입니다. 반면 기관들에게는 어디까지나 위험 관리 및 헤지용이라는 점, 이 부분이 가장 큰 차이점입니다. 어떤 목적으로 쓰느냐가 결국 결과를 가릅니다.

　　유튜버들은 절대 알려주지 않는 **레버리지 ETF의 34가지 비밀**

기관도 쓴다, 단 목적이 다르다

- 기관은 비용과 정밀함 때문에 파생상품을 선호하지만, 개인에게는 접근성이 좋은 ETF가 최선의 대안.

- 기관에게 레버리지·인버스 ETF는 어디까지나 보조 수단으로, 즉각적인 시장 대응이 필요하거나 규제상 파생상품 활용이 제한될 때 단기적으로 사용하는 정도.

✓ **CHECKLIST**

☐ **기관 따라 하기** 기관이 인버스를 샀다는 공시가 떴을 때, 그것이 하락에 베팅한 것인지 아니면 다른 주식을 지키기 위한 보험인지 구분하는가?

☐ **현명한 벤치마킹** "기관도 쓰니까 나도 장기 투자해도 되겠지?"라는 오해는 금물! 기관은 ETF를 잠시 머무는 정거장으로만 활용한다는 걸 기억할 것.

장기 투자는 계좌를 녹이는 지름길

- **비용과 구조의 한계** 일반 ETF보다 수십 배 높은 운용보수와 횡보장에서 자산이 깎여나가는 변동성 끌림 때문에 장기 투자는 금물.
- **시간의 늪** "결국 우상향한다"는 말은 맞지만, 그 과정이 너무 길어지면 기회비용과 심리적 압박으로 인해 실패할 확률이 높아진다.

심리 지표 활용 및 헤징 전략

- **CNN 공포탐욕지수** 대중이 극단적 공포(0~25)에 빠졌을 때가 레버리지 진입의 기회이며, 극단적 탐욕(75~100)에 환호할 때가 인버스로 방어할 타이밍일 수 있다.
- **보험으로서의 인버스** 하락장에서 내 우량주들을 팔지 않고도 계좌를 지키는 법은 인버스 ETF를 포트폴리오 내 5~20% 섞어주는 것,
- **단계별 대응** 시장 하락 폭에 맞춰 인버스 비중을 기계적으로 늘리는 단계별 방어 규칙을 세우면 폭락장에서도 심리적 안정감을 유지할 수 있다.

ETF 선택의 기준

- **유동성과 비용의 균형** 같은 배율의 유사한 상품이며 거래량도 비슷하다면 운용보수가 낮은 것을, 운용보수의 차이가 있더라도 거래량이 압도적으로 많다면 유동성이 높은 것을 선택한다.
- **VIX의 활용** 방향성이 아닌 변동성 그 자체에 투자하고 싶을 때는 VIX 관련 ETF가 유용하다.

모르면 손해 보는
숨은
비용 구조들

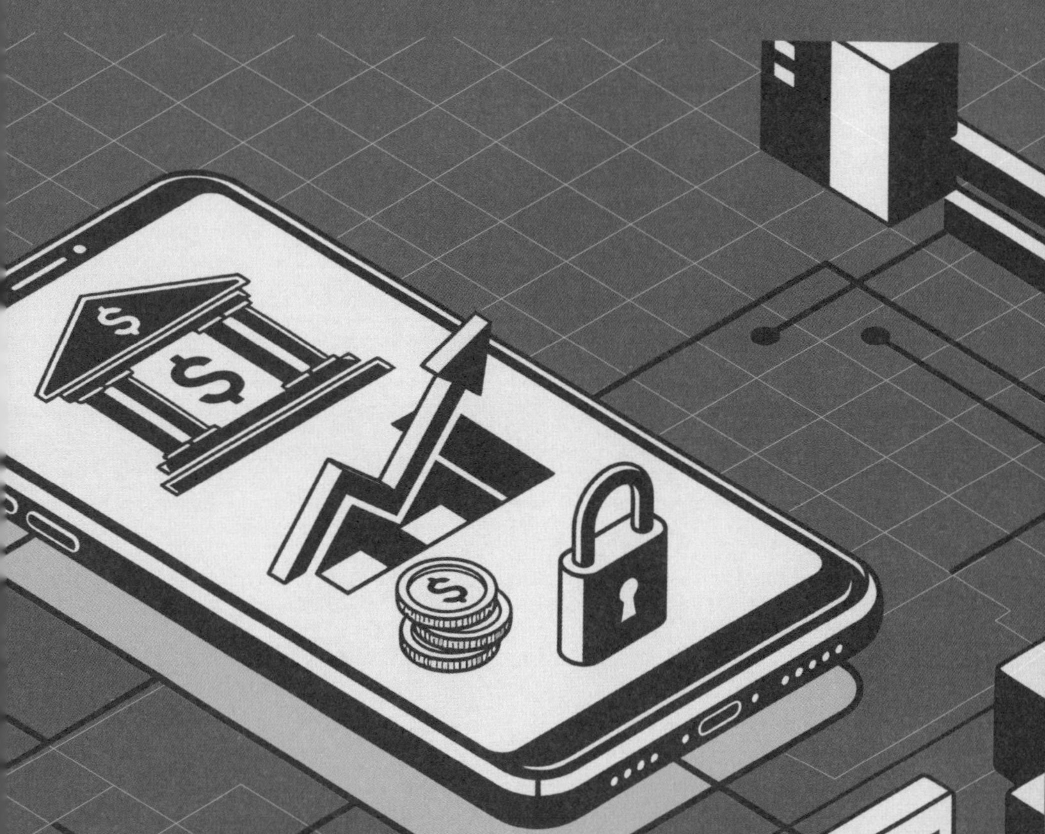

ETF에 숨은 보수가 있다던데…
한국 vs. 미국,
어떤 차이가 있나요?

30

지금까지 레버리지·인버스 ETF를 언제, 어떻게 활용할 것인지를 살펴 봤습니다. 방향성이 뚜렷한 시장에서 진입 시점을 포착하는 법, 국내외 유 사 상품들 사이에서 더 나은 선택을 가려내는 기준, 기관과 개인이 레버리 지·인버스 ETF를 바라보는 서로 다른 시각까지. 이 모든 것이 실전에서 수 익을 높이기 위한 이야기였습니다.

그런데 수익을 논하기 전에 반드시 짚고 넘어가야 할 것이 있습니다. 바 로 비용입니다. 아무리 좋은 타이밍에 진입하더라도, 구조적으로 빠져나가 는 비용을 모른 채 투자한다면 기대했던 수익은 조용히 깎여 나갑니다. 그 것도 눈에 잘 띄지 않는 방식으로요.

PART 5에서는 많은 투자자들이 간과하는 레버리지·인버스 ETF의 숨 은 비용 구조를 들여다보겠습니다.

숨은 비용의 전체 그림을 파악하기 위해서는, 먼저 국내와 미국 ETF가 어떤 구조적 차이를 가지고 있는지부터 살펴볼 필요가 있습니다.

국내에 상장된 레버리지·인버스 ETF와 미국에 상장된 레버리지·인버스 ETF의 가장 큰 차이 중 하나는 바로 '숨은 보수를 부담하는 주체'입니다. ETF를 운용하는 과정에서 발생하는 추가적인 비용들을 누가 부담하느냐에서 두 시장은 뚜렷한 차이를 보입니다.

국내 상장 ETF의 보수 구조

국내 ETF의 보수는 크게 두 단계로 나뉩니다. 첫 번째는 각 운용사 홈페이지, 또는 그 외의 주식 사이트에서 쉽게 확인할 수 있는 총보수입니다.

- **지정참가회사보수** ETF 유동성을 공급하는 지정참가회사(AP)에 지급하는 비용
- **집합투자보수**(운용보수) ETF를 운용하는 자산운용사에 지급하는 비용
- **신탁보수** ETF를 보관 및 관리하는 수탁은행에 지급하는 비용
- **일반사무관리회사보수** 회계 및 행정 관리에 필요한 비용

이 네 항목을 합산한 것이 바로 '총보수'인데요, ETF 투자에서 발생하는 기본적인 비용입니다.

그런데 홈페이지에는 나오지 않은 항목이 하나 더 있습니다. 바로 '기타

운용사 홈페이지에 게시되어 있는 총보수의 예시
(출처 : KB자산운용)

비용'입니다. 기초 지수 사용료, 예탁 및 결제 비용, 그리고 해외 보관 수수료해외투자 ETF의 경우 등의 부수 비용들이 여기에 해당합니다. 그리고 이 '기타 비용'까지 모두 합친 최종 보수를 두 번째 단계, TER합성 총보수이라고 합니다.

합성 총보수 = 총보수 + 기타 비용 = 실질적인 투자 비용

기타 비용들은 'ETF 투자 설명서'에서 확인할 수 있습니다. 총보수에 기타 비용까지 더한 TER이 실질적인 투자 비용이므로, ETF 보수를 평가할 때는 반드시 TER을 기준으로 삼아야 합니다. 참고로, 리밸런싱 과정에서 발생하는 매매중개 수수료가 별도로 존재하지만 금액이 미미합니다.

사례를 통해 자세히 살펴 볼까요?

한국투자 신탁운용에서 운용하는 ACE 미국 S&P 500의 연간 총보수율은 0.0047%입니다. 하지만 2024년 이 ETF에서는 0.0677%의 기타 비용이 발생했습니다. 이를 종합하면 합성 총보수는 0.0724%가 되는데요. 실질적으로 미국 VOO, IVV의 연 0.03%보다 보수가 훨씬 크죠.

중요한 점은 이걸 투자자가 부담하게 된다는 점입니다. 결국 총보수 외에 기타 비용이라는 항목으로 투자자에게 비용이 전가되는 것이죠.

나. 집합투자기구에 부과되는 보수 및 비용

구 분	부과비율 (연간, %)	부과시기
집합투자업자보수	0.0001	최초설정일로부터 매 1, 4, 7, 10 월의 마지막일까지
지정참가회사보수	0.0001	
신탁업자보수	0.0035	
일반사무관리회사보수	0.0010	
총보수	0.0047	
기타 비용	0.0677	사유 발생시
총보수·비용	0.0724	–
(동종유형총보수·비용)	1.8400	–
증권 거래비용	0.0325	사유 발생시

ACE 미국 S&P 500 ETF 투자설명서에 나와있는 보수 상세
(출처 : 한국투자 신탁운용, 2025년 10월 기준)

미국 상장 ETF의 보수 구조

앞에서 본 것처럼 한국에 상장된 ETF들은 기본 총보수 외에 추가적인 비용이 발생할 경우, 이를 ETF 투자자에게 전가합니다. 그래서 실제 부담 보수가 총보수를 웃도는 경우가 대부분입니다.

반면, 미국에 상장된 ETF들은 이런 추가적인 비용들을 ETF 운용사가

부담합니다. 운용 과정에서 발생하는 관리 수수료, 포트폴리오 관리 비용, 행정 수수료 등의 비용을 모두 운용사가 부담하고, 투자자에게는 당초 정해져 있는 '총보수'만 청구하는 구조입니다.

한국 투자자들에게 친숙한 TQQQ를 예로 들어보겠습니다. 운용사인 프로셰어즈 홈페이지에 들어가 보면 연간 운용보수가 Gross Expense Ratio와 Net Expense Ratio로 구분되어 있으며, 각각 0.97%와 0.82%로 수치가 다릅니다.

Snapshot

Ticker	TQQQ
Intraday Ticker	TQQQ.IV
CUSIP	74347X831
Inception Date	2/9/10
Gross Expense Ratio	0.97%
Net Expense Ratio	0.82%
NAV Calculation Time	4:00 p.m. ET
Distributions	Quarterly
Options Available	Yes

Price

as of 10/07/2025

NAV	$105.26
NAV Change	▼ $-1.81
Market Price	$105.31
Market Price Change	▼ $-1.73
Trading Volume (M)	49,788,383
30-Day Median Bid Ask Spread	0.01%

View Premium / Discount

This fund has a fee waiver through September 30, 2026, without this fee waiver fees may have been higher.

TQQQ의 보수 상세
(출처 : 프로셰어즈, 2025년 10월 기준)

여기에서 Gross Expense Ratio(0.97%)는 총운용보수율로, ETF의 총 운용 비율을 평균 순자산 대비 비율로 나타낸 값입니다. 펀드 운용에 들어가는 모든 비용을 합산한 항목이며, 펀드의 '전체 비용 구조'를 보여주죠.

또한 미국 증권거래위원회SEC에 공시되는 공식 보수율로, 운용사의 일시적 수수료 면제Fee Waiver나 비용 환급Reimbursement이 이뤄지기 전의 '원가'에 해당하는 보수라고 볼 수 있습니다.

투자자가 실제로 부담하는 운용보수는 그 밑에 있는 Net Expense Ratio(0.82%), 즉 순운용보수율입니다. 총운용보수율에서 펀드 운용사가 일시적으로 삭감하거나 부분적으로 부담한 비용, 그리고 수수료 면제분과 비용 환급분을 반영한 최종 보수율로, 우리가 인터넷에서 흔히 찾아볼 수 있는 연간 보수율에 해당하죠. 미국 상장 ETF를 선택할 때는 이 항목을 기준으로 삼으면 됩니다.

- **Gross Expense Ratio(총운용보수율)** 수수료 면제나 비용 환급이 적용되기 전의 원가 개념.
- **Net Expense Ratio(순운용보수율)** 투자자가 실제로 내는 최종 가격.

구분	한국 상장 ETF	미국 상장 ETF
비용 구성	총보수 + 기타 비용	Gross Expense(총보수)
실질 보수	TER(합성 총보수)	Net Expense(순보수)
비용 부담 주체	투자자	운용사
확인 방법	투자설명서 및 금투협회 공시, 운용사 홈페이지	운용사 홈페이지

SUMMARY FILE (30)

내가 부담해야 할 운용 보수 확인하기

- **국내 상장 ETF** 운용 과정에서 발생하는 추가 비용을 투자자가 부담. 홈페이지에 표시된 총보수만 보면 저렴해 보이지만, 기타 비용까지 합산한 TER(합성 총보수)이 실질 비용이므로 TER을 확인해야 한다.
- **미국 상장 ETF** 운용 과정에서 발생하는 추가 비용을 운용사가 부담. 투자자가 확인해야 할 항목은 Net Expense Ratio다.

✓ **CHECKLIST**

☐ **보수 착시 현상** '연보수 파격 인하'라는 광고 뒤에 숨겨진 기타 비용을 확인하였는가?

배율은 3배인데 보수는 5배?
운용 보수가
왜 이렇게 높은 거죠?

31

한국 사람들에게 오랜 기간 사랑받아 온 나스닥 100 지수 추종 ETF의 대명사, QQQ. 이 ETF의 연간 운용보수율은 0.18%입니다2025년 12월 기존 0.02%에서 인하. 그런데 나스닥 100 지수의 일일 수익률을 3배로 추종하는 레버리지 ETF인 TQQQ의 운용보수율은 연간 0.82~0.97%입니다. 무려 5배 정도의 차이가 납니다.

반도체 지수ICE Semiconductor Index를 기초 지수로 하는 미국의 대표 반도체 섹터 ETF인 SOXX와, 반도체 3배 레버리지 ETF로 엄청난 인기를 끄는 SOXL도 비교해 볼까요? SOXX와 SOXL의 연간 운용보수율은 각각 0.34%와 0.75%로, 2배 이상 차이가 납니다.

배수의 차이만 있을 뿐 같은 지수를 추종하는데, 왜 운용보수는 이렇게 다를까요?

레버리지·인버스 ETF의 운용보수가 일반 ETF보다 높게 책정되는 것은 상품의 구조적 특성과 운용 방식에서 비롯된 추가 비용 때문입니다. 이에 관해 구체적으로 살펴보겠습니다.

복잡한 운용 전략으로 인한 추가 비용

일반적인 ETF는 특정 지수를 추종하며 주식을 사서 보유하는 단순한 구조입니다. 이에 비해 레버리지·인버스 ETF는 선물·옵션·스왑 등의 파생상품을 활용해 배수 효과를 만들어냅니다. 그리고 이 과정에서 추가적인 비용이 많이 발생합니다.

선물 계약을 예로 들면, 계약의 만기가 돌아올 때마다 롤오버만기 연장·이월 작업이 필요하고 이때 비용이 발생하게 됩니다. 만약 거래 당사자끼리 금리나 통화 등을 일정 기간 특정 조건 하에 바꾸는 스왑Swap 계약을 다수 이용한다면? 그럼 은행과 같은 제삼자 금융기관과의 거래를 진행하게 되며 각종 수수료가 발생하게 되죠.

미국 증권거래위원회의 자료에 따르면, 레버리지·인버스 ETF를 운용하는 회사는 파생상품 계약 상대방주로 증권사에게 기초 자산 일별 수익률의 2~3배 수익을 보장받는 대신, 이에 대해 단기 금리와 가산 금리를 지불합니다. 상품 구조를 유지하는 것 자체에 이자 비용이 따르는 셈이죠. 이러한 비용들이 쌓여 운용보수에 반영되는 것이고요.

일일 재조정으로 인한 거래 비용 증가

레버리지·인버스 ETF는 목표 배율을 유지하기 위해 매일 포지션을 재조정합니다. 이 과정에서 매수와 매도가 반복되며 거래 비용이 크게 늘어납니다. 이해를 돕기 위해 간단한 예를 들어 보겠습니다. 만약 지수가 1% 상승하면, 그 지수의 성과를 추종하는 2배 레버리지 ETF는 2%의 상승을 목표로 노출도익스포저를 조정해야 합니다. 예를 들어 해당 ETF의 자산이 1억 달러이고, 지수 노출이 2억 달러인 경우, 지수가 1% 오르면 익스포저를 2억 400만 달러로 늘려야 합니다. 그리고 이 과정에서 추가 매수 거래가 일어나게 되고, 이로 인해 또 다른 비용이 발생하는 것입니다.

이런 포지션 재조정은 매일 일어납니다. 그만큼 레버리지·인버스 ETF는 상품의 특성을 유지하기 위해 빈번한 매매를 수반하고, 거래 수수료 및 스프레드매수와 매도의 가격 차이와 함께 많은 비용이 추가됩니다. 이것이 고스란히 높은 운용보수로 연결되고요.

더 많은 인력과 규제 비용

레버리지·인버스 ETF는 일반 ETF보다 상품 구조가 복잡한 만큼 운용도 더 까다롭습니다. 매일 같이 일어나는 노출 조정과 위험 평가로 인하여 인력이 몇 배 더 많이 투입됩니다. 자연스레 인건비가 운용보수에 녹아들어 가게 되죠.

여기에 더해 파생상품을 적극적으로 활용한다는 점, 그리고 고위험 상품이라는 특징으로 인하여 금융당국의 규제도 까다롭게 적용됩니다. 이를 준수하기 위한 모니터링 비용도 상대적으로 더 많이 발생하는바, 운용보수가 높은 건 어찌 보면 자연스러운 일입니다.

살펴보았듯, 운용사가 의도적으로 높은 보수를 책정하는 것이 아닙니다. 상품을 제대로 운용하는 데 드는 실제 비용이 많다 보니, 운용보수도 자연스럽게 높아질 수밖에 없는 구조입니다.

레버리지·인버스 ETF의 보수가 비싼 이유

- **파생상품을 이용하는 과정에서의 비용** 롤오버 비용, 수수료, 이자 비용 등.
- **일일 재조정 시 발생하는 비용** 거래 수수료와 매수·매도 스프레드 비용 등.
- **그 외 비용** 복잡한 운용 구조상 더 많은 인력이 필요하고, 금융당국의 규제도 까다로워 모니터링 비용도 추가됨.

✓ **CHECKLIST**

☐ **보수 체감** 레버리지 상품을 보유하는 기간은 '돈을 빌려 쓰는 기간'이나 마찬가지다. 수익이 나지 않는 구간에서 이 비용을 계속 내는 것의 의미를 이해했는가?

레버리지·인버스 ETF의
세금은
어떻게 부과되나요?

32

레버리지 및 인버스 ETF의 세금은 해당 ETF가 어디에 상장되어 있는지에 따라 달라집니다. 이는 현재 국내 세법상 국내 상장 ETF는 '신탁형 펀드'로, 해외 상장 ETF는 '해외주식'으로 분류되기 때문입니다.

그럼 국내 상장과 해외 상장 ETF 간 매매 차익에 대한 세금, 분배금배당금에 대한 세금을 하나씩 자세히 알아보겠습니다. 해외 상장 ETF의 경우, 대표성을 고려하여 미국을 예시로 들겠습니다.

국내 상장 ETF의 세금

우선 국내 시장에 상장된 ETF들 중, 국내 주식에 투자하는 지수 추종 ETF의 매매 차익에 대해서는 별도의 세금이 부과되지 않습니다. 그러나 국내 주식에 투자하는 ETF라 하더라도 레버리지·인버스 ETF는 예외입니다. 세법상 보유기간 과세 대상으로 분류되어 매매 차익에 대한 배당소득세를 납부해야 합니다.

과세 기준은 실제 매매 차익과 매수·매도 과표기준가의 차이증가분 중 작은 금액에 대해 15.4% 배당소득세 14% + 지방세 1.4%가 부과됩니다. 예를 들어 실제 매매 차익이 100만 원이고 과표기준가 증가분이 10만 원이라면, 더 작은 금액인 10만 원에 대해서만 15.4%가 부과되는 것이죠.

그러나 크게 걱정할 필요는 없습니다. 레버리지 및 인버스 ETF의 경우 일일 재조정으로 인하여 과표기준과의 변동이 대부분 미미합니다. 보통은 매매 차익의 1/10 수준으로 나오는데요, 그래서 세금이 생각보다 많이 발생하지 않습니다.

이는 국내에 상장된 해외투자형 레버리지·인버스 ETF에도 동일하게 적용됩니다. 단, 환율 변동이 과표기준가 증가분에 간접적으로 반영된다는 점은 유의해야 합니다. 그렇더라도 실제 매매 차익보다 과표 증가분이 훨씬 작게 나타나므로 세금 부담은 적다는 점! 오히려 레버리지·인버스 ETF를 통해 세금을 줄이는 효과를 누릴 수도 있습니다.

하나 더 챙겨야 할 점은, 국내 상장 ETF로 발생하는 배당소득이 연 2,000만 원을 초과할 경우 금융소득종합과세 대상에 포함된다는 부분입니다. 그렇기에 연간 배당소득 금액이 얼마나 될지에 대한 사전 점검이 필요합니다.

미국 상장 ETF의 세금

미국 증시에 상장된 ETF는 '신탁형 펀드'가 아닌 '해외주식'으로 분류됩니다. 따라서 매매 차익에는 양도소득세가 부과되며, 이는 미국 상장 레버리지·인버스 ETF에도 동일하게 적용됩니다. 환율 변동을 포함한 매매 차익에 대해 총 22%양도소득세 20%+지방세 2%의 세금이 부과되며, 연간 250만 원의 기본공제 후 과세가 이뤄집니다.

세율만 보면 불리해 보일 수 있습니다. 하지만 미국 상장 레버리지·인버스 ETF는 분리과세 대상이므로 금융소득종합과세에 포함되지 않습니다. 즉, 레버리지·인버스 ETF를 통해 얼마를 벌어도 최대 22%의 세금만 적용되죠. 투자 규모가 크고 수익금액이 많을수록 미국 상장 ETF가 세금 면에서 유리할 수 있습니다.

■ 한국과 미국 ETF 간 매매 차익에 대한 세금 체계 비교

구분	국내 상장 레버리지·인버스	미국 상장 레버리지·인버스
세목	배당소득세	양도소득세
세율	15.40%	22% (250만 원 공제)
종합과세	대상 포함 (연 2,000만 원 초과 시)	대상 제외 (분리과세)
손익 통산	다른 펀드와 통산 가능	다른 해외주식과 통산 가능

분배금에 대한 세금은?

그렇다면 레버리지·인버스 ETF에 투자하며 받게 되는 분배금에 대해서는 어떤 세금이 적용될까요? 우선 ETF에서 지급되는 분배금은 배당소득으로 분류됩니다. 그렇기에 국내·해외 상장 여부 상관없이 모든 ETF에 대해 15.4%의 배당소득세가 적용됩니다지방세 1.4% 포함. 원천징수가 적용되어 발생한 분배금에서 배당소득세가 차감된 후 계좌로 입금되죠.

■ 분배금에 대한 세금 체계 비교

구분	미국 상장 ETF	국내 상장 국내 투자 ETF	국내 상장 해외 투자 ETF
해외 배당소득세 원천징수	15%	X	15% (간접)
한국 배당소득세 (지방세 포함)	15.4% (선 환급 후)	15.40%	15.4% (선 환급 후)
금융소득종합과세 포함 여부	O	O	O

자료 : 키움증권

그런데 2025년 개편된 외국납부세액으로 인하여 국내 상장 ETF와 해외 상장 ETF의 배당금 납부 방식이 조금 달라졌습니다.

기존에는 해외 ETF에 분배금이 발생할 경우, 우선 미국에서 현지 배당소득세 15%를 원천징수하고 잔액을 지급해 주었습니다. 그다음 한국 국세청에서 이중과세를 방지하기 위해 미국에 이미 낸 15%의 배당소득세를 선환급하고, 이후에 국내에서 15.4%의 배당소득세지방세 포함를 원천징수로 부과했습니다.

하지만 2025년에 개편된 외국납부세액공제 제도로 인하여 이런 환급 절차가 폐지되었습니다. 해외에서 낸 세금을 먼저 돌려주는 절차가 사라졌고, 해외에서 발생한 배당소득세를 차감한 금액을 기준으로 국내 과세소득을 산정합니다. 이 경우 해외에서의 배당소득 세율이 국내15.4%보다 높으면 별도의 추가 납부를 하지 않습니다. 다만 해외 세율이 국내보다 낮다면 그 차액만큼 추가 과세를 진행하죠.

■ **2025년 개편된 외국납부세액 비교**

단계	기존 방식	2025년 개편
1단계 **현지 징수**	미국기업 배당금 지급 시 현지 배당소득세 15% 원천징수	기존과 동일
2단계 **국세청 처리**	국세청에서 현지 세금 15% 선환급 O	국세청에서 현지 세금 15% **선 환급 X**
3단계 **국내 지급**	국내에서 배당금 지급 시 한국 배당소득세(국세 기준 14%) 원천징수	국내에서 배당금 지급 시 미국 세율이 국내 세율보다 높아 **추가 징수 X** (국내 세율이 높을 경우 추가 과세)

*과세 기준 및 과세 방법은 향후 세법 개정 등에 따라 변동될 수 있음

 유튜버들은 절대 알려주지 않는 **레버리지 ETF의 34가지 비밀**

문제는 IRP·연금저축 등 연금 계좌에서의 이중과세 가능성입니다. 해외 배당소득세에 대한 선환급이 사라지면서, 나중에 연금을 수령할 때 연금소득세3.3~5.5%를 또 한 번 내야 하는 상황이 생길 수 있습니다. 연금 계좌란 것이 현재 발생하는 세금을 은퇴 후 연금 수령 시기까지 이연시키는 장점을 가지고 있는데, 그 장점이 무색하게 된 것이죠.

이 같은 ISA 및 연금 계좌의 이중과세 문제를 해결하기 위해, 2025년 세법 개정을 거쳐 계좌 인출 시 현재는 외국납부세액을 공제받는 방식으로 운영되고 있습니다2026년 3월 기준. 해외에서 원천징수된 배당소득세에 대해 세전 금액의 14%를 크레딧 형태로 관리하며, 만기나 인출 시점에 그만큼 세금을 공제해 주는 방식이 현재 확정되어 시행 중입니다.

상장된 시장에 따라 달라지는 세금

- **국내 상장 ETF** 매매 차익에 배당소득세 15.4%가 부과되지만, 과세 기준이 실제 차익과 과표기준가 증가분 중 더 적은 금액이기 때문에 실제 세금 부담은 크지 않다(단, 배당소득세가 연 2,000만 원을 초과하면 금융소득종합과세 대상에 포함됨).

- **미국 상장 ETF** 매매 차익에 양도소득세 22%가 부과되며 연간 250만 원 기본공제가 적용. 분리과세 대상이므로 금융소득종합과세에 포함되지 않는다.

- **분배금** 국내·해외 상장 구분 없이 배당소득세 15.4%가 원천징수 된다.

- 수익 규모가 작다면 국내 상장(15.4%) 상품이, 억 단위 이상의 큰 수익을 노린다면 미국 상장(분리과세) 상품이 세금 면에서 유리할 수 있다.

✓ **CHECKLIST**

- **종합과세 여부** 올해 내 배당소득 총합이 2,000만 원을 넘길 가능성이 있는가? 그렇다면 미국 ETF 비중을 조절해야 한다.

- **손실 상계 활용** 미국 주식에서 손실이 났다면, 레버리지 ETF 수익과 합쳐서 전체 세금을 줄일 수 있다는 점을 확인했는가?

레버리지·인버스 ETF를
매일 거래하면
보수로 계좌가 녹을 수도 있나요?

33

레버리지·인버스 ETF가 단기 투자에 적합하다 보니, 많은 투자자가 연간 보수 1% 남짓을 가볍게 생각하곤 합니다. 그러나 결론부터 말하면, 거래 횟수가 많아질수록, 그리고 횡보장이 길어질수록 보수는 점점 큰 부담으로 다가올 수 있습니다.

레버리지·인버스 ETF의 연간 운용보수율은 일반 ETF보다 적게는 몇 배, 많게는 수십 배 이상 높습니다. S&P 500을 1배로 추종하는 VOO연 0.03%와 3배로 추종하는 UPRO0.89%만 비교해도 30배에 가까운 차이를 보이죠.

따라서 레버리지·인버스 ETF 투자는 1배짜리 기본 ETF보다 훨씬 더 높은 수익과 운용보수를 추구하는 것이 당연합니다. 그런데 증시, 또는 개별 주식이 상승하지 못하고 계속 횡보한다면? 또는 레버리지 ETF인데 주가가 하락하기만 한다면? 그땐 높은 보수가 오히려 독이 되어 돌아올 것입니다. 수익을 내지는 못할 망정 높은 보수가 계속 일할로 계산되어 차감되기 때문입니다.

그 외에 너무 빈번한 거래도 스노우볼이 될 수 있습니다. 빠른 이해를 위해 간단한 시뮬레이션을 돌려보겠습니다. 투자금은 1,000만 원, 증권사 수수료는 0.015%, 운용 수수료는 연 0.5%, 그리고 하루 5회 매매로 가정해보죠. 이 경우 대략 아래와 같은 결과가 도출됩니다.

■ 거래 및 운용 비용 추정 비교표

구분	1회 거래 비용	하루 5회 거래 비용	월간 비용 (20일)	연간 비용 추정
거래 수수료	1,500원	7,500원	150,000원	1,800,000원
운용 보수	약 137원 (0.5%/365)	약 137원	2,740원	50,000원
세금 (증권거래세)	8,000원	40,000원	800,000원	9,600,000원
합계	9,637원	47,637원	952,740원	약 11,430,000원

*위 자료는 가정을 토대로 한 계산으로, 실제는 이와 다를 수 있음

원금 1,000만 원 기준으로 1회 거래 시 수수료와 세금을 합하면 약 1만 원에 가까운 비용이 발생합니다. 하루 5회 매매하면 이 금액은 약 4만 8천 원으로 불어납니다. 이를 한 달, 1년으로 환산하면 각각 약 95만 원과 1,143

만 원에 달합니다. 작아 보이는 보수와 수수료들이 모여 점점 더 큰 스노우볼이 되는 것입니다.

위 표만 봐도 지나치게 잦은 레버리지·인버스 ETF 거래가 얼마나 불리한지 명확히 보입니다. 투자 원금이 커질수록 이 문제는 더욱 심해지죠. 레버리지·인버스 ETF를 여러 번 거래하고자 한다면, 되도록 발생하는 비용보다 더 큰 수익을 낼 수 있다고 판단될 때만 하는 것이 좋습니다.

또한 같은 성격의 ETF라면 이왕이면 연간 운용보수가 적은 상품을 고르는 것, 조금이라도 더 낮은 거래 수수료를 제공하는 증권사를 선택하는 것도 비용을 줄이는 방법이 될 수 있습니다.

잦은 거래가 빚어내는 비용의 함정

- **비용의 스노우볼** 레버리지 ETF의 높은 보수보다 더 무서운 것은 잦은 매매로 발생하는 수수료와 세금의 누적치이다.
- 10번의 소소한 매매보다, 확실한 타이밍에 제대로 1번 진입하는 것이 비용 효율성 측면에서 압도적으로 유리하다.

✓ CHECKLIST

☐ **운용보수에 대한 이해** 운용보수의 산정 기준이 일할 계산임을 기억하고 있는가?

레버리지·인버스 ETF도
배당금을
주나요?

34

기초 자산을 실제 보유하는 '물리적 복제' 형태의 일반적인 ETF와 달리, 레버리지·인버스 ETF는 파생상품을 주로 사용합니다. 기초 자산의 배당금을 직접 수령하지 않기 때문에 대부분의 경우 분배금이 없거나 매우 적습니다. 다만 ETF의 구조와 운용 전략에 따라서 분배금을 지급하는 경우도 있는데요. 실제 주식을 일부 보유하거나, 파생상품에서 발생하는 이자 수익 또는 배당의 상당액을 분배하는 경우가 그것입니다.

본 주는 배당하지 않으나, ETF가 분배금을 주는 경우

우선 한국인들이 가장 많이 투자하고 있는 해외 주식 종목 중 하나인 테슬라는 2025년 기준으로 배당금을 지급하지 않고 있습니다. 그런데 테슬라의 일간 수익률을 2배로 추종하는 디렉시온의 TSLL은 분기마다 분배금

Distributions

TSLL Direxion Daily TSLA Bull 2X Shares

Record Date	Ex Date	Pay Date	Income Dividend	Short-Term Capital Gain	Long-Term Capital Gain
09/23/2025	09/23/2025	09/30/2025	0.08933	—	—
06/24/2025	06/24/2025	07/01/2025	0.08962	—	—
03/25/2025	03/25/2025	04/01/2025	0.08448	—	—
12/23/2024	12/23/2024	12/31/2024	0.13986	—	—

TSLS Direxion Daily TSLA Bear 1X Shares

Record Date	Ex Date	Pay Date	Income Dividend	Short-Term Capital Gain	Long-Term Capital Gain
09/23/2025	09/23/2025	09/30/2025	0.03997	—	—
06/24/2025	06/24/2025	07/01/2025	0.05292	—	—
03/25/2025	03/25/2025	04/01/2025	0.07555	—	—
12/23/2024	12/23/2024	12/31/2024	0.06647	—	—

TSLL, TSLS의 2025년 분배금 지급 내역

(출처 : 디렉시온, 2025년 9월 기준)

을 지급하고 있습니다. 실제로 2025년 9월 30일 기준, 1주당 0.08933달러의 분배금을 지급했고요. 그날 TSLL의 종가가 21.11달러였으니, 1주 가격의 대략 0.4% 수준이었습니다.

여기에 더해, 테슬라의 일간 수익률을 -1배로 추종하는 인버스 상품 TSLS 역시 분기별 분배금을 지급 중입니다. 테슬라 주식에 직접 투자했다면 받지 못했을 배당금을, 오히려 레버리지 또는 인버스 ETF를 통해 받을 수 있는 셈입니다.

Distributions

For 2025				
Ex-Dividend Date ▾	Record Date	Payable Date	Dividend	Long-Term Capital Gain
09/24/2025	09/24/2025	09/30/2025	0.097812	--
06/25/2025	06/25/2025	07/01/2025	0.218321	--
03/26/2025	03/26/2025	04/01/2025	0.197726	--

TQQQ의 2025년 분배금 지급 내역
(출처 : 프로세어즈, 2025년 9월 기준)

한국 투자자들에게 오랜 시간 사랑받아 온 TQQQ도 분기마다 분배금을 지급하고 있습니다. 2025년 9월 30일 기준으로 1주당 0.097812 달러의 분배금을 지급했죠. 연간 분배율배당률로 따지면 0.37% 수준의 금액입니다.

물론 이는 0.46%인 QQQ의 연 분배율보다 낮습니다. 하지만 3배짜리 레버리지 ETF에 투자하면서도 분배금을 받을 수 있다는 사실은 다시 봐도 놀랍기만 합니다.

국내 상장된 레버리지·인버스 ETF들 중에도 분배금을 지급하는 상품이 있습니다. 대표적인 사례는 미래에셋 자산운용의 TIGER 미국필라델피아반도체레버리지(합성) ETF입니다. 필라델피아 반도체 지수의 일간 수익률을 2배로 추종하는 상품인데요, 분기에 한 번 분배금을 지급해 온 것을

유튜버들은 절대 알려주지 않는 **레버리지 ETF의 34가지 비밀**

TIGER 미국필라델피아반도체레버리지(합성)(423920)

2025년 10월 02일 기준가격 반영

총 5건

지급기준일	실제지급일	분배금액(원)	주당 과세 표준액(원)
2025-07-31	2025-08-04	10	10
2025-04-30	2025-05-07	20	20
2025-01-31	2025-02-04	49	49
2024-10-31	2024-11-04	49	49

TIGER 미국필라델피아반도체레버리지(합성) ETF의 분배금 지급 내역
(출처 : 미래에셋 자산운용, 2025년 9월 기준)

확인할 수 있습니다.

결국 어디에 상장되어 있느냐가 아니라, 어떤 형태로 상품이 구성되어 있는지에 따라 분배금 지급 유무와 금액이 달라지는 것이죠.

물론 앞에서도 언급하였듯, 모든 레버리지·인버스 ETF가 분배금을 주는 것은 아닙니다. 그렇기에 레버리지·인버스 ETF에 투자하며 분배금도 받고자 한다면, 미리 해당 상품의 분배금 지급 이력을 확인할 필요가 있습니다.

분배금(ETF의 배당금)

- **이자 수익의 환원** 레버리지 ETF의 분배금은 주식 배당금뿐만 아니라, 운용 과정에서 발생하는 현금 담보 이자 등이 포함된 결과물.
- 모든 레버리지 상품이 분배금을 주는 것은 아니며, 운용사의 전략(합성 여부 등)에 따라 지급 여부가 결정된다.

✓ **CHECKLIST**

☐ **세금 확인** 앞서 배운 대로 분배금은 15.4%의 배당소득세가 원천징수되므로, 금융소득종합과세 한도에 민감하다면 이 금액까지 계산에 넣어야 한다.

수익을 갉아먹는 숨은 비용 구조들

- **총보수 vs 실질보수**(TER) 국내 상장 상품의 경우, 공시된 총보수 외 기타 비용이 부과되므로, 반드시 TER합성 총보수을 확인해야 진짜 비용을 알 수 있다. 반면, 미국 상장 상품은 운용사가 추가 비용을 대부분 흡수하므로, Net Expense Ratio만 확인하면 된다.

- **레버리지 상품의 비용이 비싼 이유** 2~3배의 레버리지를 일으키기 위해 빌려온 자금에 대한 이자 비용과 선물 계약을 연장하는 롤오버 비용, 매일 기계적으로 포트폴리오를 재조정하는 거래 수수료와 고난도 위험 관리를 위한 전문 인력비가 일반 ETF보다 많이 발생한다.

- **매매의 역설** 일례로 원금 1,000만 원으로 매일 하루 5회씩 매매를 반복할 경우, 1년 뒤 비용만으로 원금을 초과약 1,143만 원할 수 있다.

어디에 상장했느냐에 따라 달라지는 수익

- **국내 상장** 매매차익에 대해 15.4%의 배당소득세가 부과되며, 연 배당소득 2,000만 원 초과 시 금융소득종합과세 대상.

- **해외 상장** 수익에서 250만 원을 공제한 후 22%의 양도소득세를 내지만, 얼마를 벌든 분리과세로 종결되어 고액 투자자에게 유리할 수 있음.

뜻밖의 수입, 분배금

- **이자 수익의 환원** 본 주가 배당을 주지 않아도, ETF 운용 과정에서 발생하는 현금 담보 이자 등을 통해 분기별 분배금이 지급되기도 한다.

부록 1

레버리지·인버스 ETF가 활성화된 주요 시장
국내외 주요 운용사들
가장 많이 거래되는 레버리지·인버스 ETF
한국 사람들에게 인기 있는 레버리지·인버스 ETF

레버리지·인버스 ETF가 활성화된 주요 시장

미국은 전 세계에서 가장 크고 다양한 레버리지·인버스 ETF 시장을 보유하고 있습니다. 시장 규모 자체가 타의 추종을 불허하는 가운데, 지수와 섹터, 주식과 채권, 원자재에 이르기까지 자산화할 수 있는 거의 모든 것을 상품으로 만들어냅니다. 여기에 끊임없는 유동성 공급까지 뒷받침되는 시장은 미국이 사실상 유일합니다.

유럽은 유럽연합 공모펀드 기준Undertakings for Collective Investment in Transferable Securities, UCITS 체계 아래 주로 3배수 이상의 상품을 영국을 포함한 여러 국가의 거래소에 복수로 상장하는 문화가 발달해 있습니다. 미 달러화, 영국 파운드, 유로 등 다양한 통화를 유연하게 활용한다는 점도 특징입니다.

아시아는 대체로 지수 변동성에 대응하는 상품이 주류를 이룹니다. 일본은 닛케이225 지수를 기초로 한 레버리지(+2배)와 더블 인버스(-2배) 상품이 오래전부터 자리를 잡아, 전통적인 지수 중심의 레버리지·인버스 ETF 시장을 형성하고 있습니다. 노무라 자산운용이 출시한 넥스트 펀드NEXT

FUND 상품군이 대표적입니다.

홍콩은 '아시아 개인 투자자의 트레이딩 허브'라고 할 정도로 리테일의 매매 회전율이 매우 높습니다. 이를 활용하여 항생 지수와 항생테크 지수의 변동성을 따르는 상품 위주로 시장이 구성되어 있는데요. 변동성이 큰 날에는 레버리지·인버스 ETF 거래대금이 전체 ETF 시장을 이끄는 양상을 보이기도 합니다.

대한민국은 코스피 200 지수와 코스닥 150 지수를 기초로 한 레버리지 2배 및 인버스 1배와 2배 상품이 핵심을 이룹니다. 개인 투자자의 시장 참여도가 높고 변동성도 큰 만큼 대응 속도가 빠르며, 여기에 모바일 트레이딩 문화와 맞물려 이른바 '생활형 레버리지·인버스 ETF 시장'으로 진화했다는 평가를 받습니다.

최근 ETF 시장이 가장 빠르게 성장하고 있는 호주 시장은 레버리지·인버스 ETF 시장 또한 대형주와 지수를 기초 자산으로 하여 성장세가 이어지고 있네요.

이상의 내용을 정리해보면, 레버리지·인버스 ETF가 발전한 시장들의 특징은 다음과 같습니다.

- **미국** 압도적인 규모와 자산의 다양성(지수, 섹터, 채권, 원자재 등).

- **유럽** UCITS 기준에 따른 고배율(3배 이상) 상품과 다통화(USD, GBP, EUR)
  운용.

- **일본** 닛케이225 중심의 전통적인 지수 추종형 시장(NEXT FUNDS 등).

- **홍콩** 높은 개인 매매 회전율 기반의 항셍·항셍테크 지수 변동성 상품.

- **한국** 코스피 200·코스닥150 중심의 활발한 개인 투자와 모바일 트레이
  딩 문화.

- **호주** 대형주 및 지수를 기초로 하여 빠르게 성장 중인 시장.

 유튜버들은 절대 알려주지 않는 **레버리지 ETF의 34가지 비밀**

국내외 주요 레버리지·인버스 ETF 운용사들

미국은 2022년 7월 미 증권거래위원회SEC가 단일 종목 레버리지·인버스 ETF를 승인하면서 시장 구도가 바뀌었습니다. 승인 이전까지는 프로셰어즈ProShares와 디렉시온Direxion이 양강 구도를 형성해 왔습니다. 프로셰어즈의 운용자산 규모는 1,000억 달러에 달하고, 디렉시온은 570억 달러 수준입니다.

단일 종목 레버리지·인버스 ETF 출시가 허용된 이후에는 여러 자산운용사가 다양한 상품을 내놓으며 기존 양강과 치열하게 경쟁하고 있는데요. 미국 최초 단일 종목 레버리지·인버스 ETF를 상장한 AXS 인베스트먼트AXS Investments를 비롯해 그래닛 셰어즈Granite Shares, 렉스 셰어즈REX Shares 등이 애플·마이크로소프트·엔비디아·알파벳·아마존·메타 플랫폼스·테슬라 등 빅7을 중심으로 한 상품들을 앞다투어 출시했습니다. 렉스 셰어즈의 경우 2023년 10월 미국 최초로 개별주식 2배 테슬라·엔비디아 ETF 등을 상장하며 그전까지 1.5배, 1.75배로 운용되는 개별 주식 ETF시장을 한 단계 끌어올리며 상품의 다변화를 폭발적으로 견인하는 역할을 하기도 하였습니다.

유럽에서는 2014년에 부스트 ETP를 인수한 위즈덤트리 유럽Wisdom Tree(Boost ETP)과 함께 단일 종목 3배 레버리지·인버스 ETF를 주력으로 하는 레버리지 셰어즈Leverage Shares가 시장을 주도하고 있습니다.

위즈덤트리 유럽의 운용자산 규모가 500억 달러를 돌파해 가장 크고, 레버리지 셰어즈가 15억 달러를 넘어섰습니다. 레버리지 셰어즈가 최근 미국 시장 진출을 선언한 가운데 그레닛 셰어즈도 유럽에서 단일 종목 레버리지·인버스 ETF를 출시해 5억 달러 상당의 자산을 운용하고 있고요.

아시아에서는 각국별 시장을 주도하는 대표적인 운용사가 있습니다. 일본은 노무라 자산운용, 홍콩은 CSOP 자산운용, 호주는 베타셰어즈 BetaShares 그리고 대한민국은 미래에셋 자산운용과 삼성 자산운용이 그들인데요. 각 시장의 주요 레버리지·인버스 ETF 공급자로 확고히 자리매 김하고 있습니다.

■ 글로벌 레버리지·인버스 ETF 운용사

운용사	설립	대표상품	자산운용 규모
프로셰어즈 (미국)	2006년	TQQQ 및 SQQQ 등	1천억 달러
디렉시온 (미국)	1997년	SOXL 및 SOXS 등	570억 달러
렉스 셰어즈 (미국)	2015년	FNGU 및 MSTU 등	80억 달러
위즈덤트리 유럽 (유럽)	2012년	3USL 및 QQQ3 등	500억 달러
레버리지 셰어즈 (유럽)	2017년	3TSL 및 NVD3 등	15억 달러
노무라 자산운용 (일본)	1959년	1570 및 1357 등	5,163억 엔
CSOP 자산운용 (홍콩)	2008년	7226 및 7200 등	250억 홍콩달러
베타셰어즈 (호주)	2009년	GEAR 및 BBOZ 등	600억 호주달러
미래에셋 자산운용 (한국)	1997년	타이거	450조 원
삼성 자산운용 (한국)	1998년	코덱스	100조 원

주요국 시장에서 가장 많이 거래되는 레버리지·인버스 ETF

2025년 1월부터 12월까지 누적금액을 기준으로, 대한민국을 비롯해 레버리지·인버스 ETF 거래가 많이 이루어지는 5개 국가에서의 거래 상위 10개 종목을 살펴보면 다음과 같습니다.

우선, 한국에서는 상위 10개 종목 모두 코스피 200, 코스닥 150, 미국 대표 지수 등 주요 지수를 추종하는 상품들이 차지하고 있습니다.

■ 대한민국 TOP 10

ETF 이름	종목코드	추종 지수 / 자산	방향 및 배수	운용자산 규모
KODEX 레버리지	122630	코스피 200	+2배	약 6조 원
KODEX 200 선물인버스2X	252670	코스피 200 선물	-2배	약 1.6조 원

KODEX 코스닥150레버리지	233740	코스닥 150	+2배	약 1.1조 원
TIGER 미국나스닥100 레버리지(합성)	409820	나스닥 100	+2배	약 0.5조 원
KODEX 인버스	114800	코스피 20	-1배	약 0.5조 원
KODEX 코스닥150 선물인버스	251340	코스닥 150 선물	-1배	약 0.4조 원
TIGER 레버리지	123310	코스피 200	+2배	약 0.3조 원
TIGER 200 선물인버스2X	252710	코스피 200 선물	-2배	약 0.3조 원
TIGER 미국필라델피아 반도체레버리지 (합성)	423920	필라델피아 반도체	+2배	약 0.3조 원
ACE 미국S&P500 레버리지(합성)	411060	S&P 500	+2배	약 0.2조 원

*자료 : 한국거래소(KRX), 에프엔가이드 / 2025년 12월 기준

미국의 TQQQ는 세계 최대 규모의 레버리지 ETF로서 독보적인 위치를 차지하고 있으며, SQQQ는 최대 규모의 인버스 ETF입니다. 또한, AI 산업의 성숙기에 따라 SOXL과 SOXS의 거래 비중이 전체 레버리지 시장의 약 30%를 차지할 정도로 매우 높았습니다.

■ 미국 TOP 10

ETF 이름	종목코드	추종 지수 / 자산	방향 및 배수	운용자산 규모
ProShares UltraPro QQQ	TQQQ	나스닥 100	+3배	약 302억 달러
Direxion Daily Semiconductor Bull 3X	SOXL	ICE 반도체	+3배	약 125억 달러
Direxion Daily TSLA Bull 2X Shares	TSLL	테슬라 (TSLA)	+2배	약 62억 달러
ProShares UltraPro S&P500	UPRO	S&P 500	+3배	약 54억 달러
Direxion Daily 20+ Year Treasury Bull 3X	TMF	ICE 미 국채 만기 20년 이상	+3배	약 36억 달러
ProShares UltraPro Short QQQ	SQQQ	나스닥 100	-3배	약 20억 달러

ETF 이름	종목코드	추종 지수 / 자산	방향 및 배수	운용자산 규모
Direxion Daily Semiconductor Bear 3X	SOXS	ICE 반도체	-3배	약 11억 달러
Direxion Daily NVDA Bull 2X Shares	NVDU	엔비디아 (NVDA)	+2배	약 6억 달러
ProShares UltraPro Short S&P500	SPXU	S&P 500	-3배	약 4억 달러
Direxion Daily 20+ Year Treasury Bear 3X	TMV	ICE 미 국채 만기 20년 이상	-3배	약 1.6억 달러

일본의 경우, 노무라의 NEXT FUNDS Nikkei 225 Leveraged Index 가 시장 내 압도적인 거래대금을 기록하고 있습니다. 해당 ETF는 일본 전체 주식시장에서도 거래대금 최상위권을 유지하는 핵심 종목 중 하나입 니다.

■ 일본 TOP 10

ETF 이름	종목코드	추종 지수 / 자산	방향 및 배수	운용자산 규모
NEXT FUNDS Nikkei 225 Leveraged Index	1570	니케이 225	+2배	약 7,200억 엔

Rakuten ETF-Nikkei 225 Leveraged Index	1458	니케이 225	+2배	약 2,250억 엔
NEXT FUNDS Nikkei 225 Double Inverse Index	1357	니케이 225	-2배	약 1,650억 엔
Rakuten ETF-Nikkei 225 Double Inverse Index	1459	니케이 225	-2배	약 900억 엔
NEXT FUNDS TOPIX Leveraged Index	1568	TOPIX	+2배	약 600억 엔
NEXT FUNDS Nikkei 225 Inverse Index	1571	니케이 225	-1배	약 450억 엔
iFreeETF Nikkei 225 Leveraged Index	2250	니케이 225	+2배	약 300억 엔
NEXT FUNDS TOPIX Double Inverse Index	1356	TOPIX	-2배	약 150억 엔
iFreeETF Nikkei 225 Double Inverse Index	1366	니케이 225	-2배	약 150억 엔
Simplex Nikkei 225 Leveraged ETF	1561	니케이 225	+2배	약 75억 엔

*자료 : 도쿄증권거래소(JPX), 노무라 자산운용 넥스트펀드, 인베스팅닷컴 재팬

유튜버들은 절대 알려주지 않는 **레버리지 ETF의 34가지 비밀**

홍콩 시장은 항셍테크 지수의 높은 변동성과 더불어, 아시아 최초로 상장된 단일 종목 레버리지 상품SK하이닉스, 삼성전자 등이 거래 상위권에 진입한 것이 특징입니다. 참고로 홍콩에서 레버리지·인버스 ETF는 일반 주식과 구분하기 위해 주로 7200~7500번대 코드를 사용합니다.

■ 홍콩 TOP 10

ETF 이름	종목코드	추종 지수 / 자산	방향 및 배수	운용자산 규모
CSOP Hang Seng TECH Daily (2x) Lev (7226)	7226	항셍테크	+2배	약 14.9억 홍콩달러
CSOP Hang Seng TECH Daily (-2x) Inv (7552)	7552	항셍테크	-2배	약 9.8억 홍콩달러
CSOP Hang Seng Index Daily (-2x) Inv (7500)	7500	항셍	-2배	약 4.0억 홍콩달러
CSOP Hang Seng Index Daily (2x) Lev (7200)	7200	항셍	+2배	약 3.1억 홍콩달러
CSOP SK Hynix Daily (2x) Lev (7709)	7709	SK하이닉스 (000660)	+2배	약 2.8억 홍콩달러
ChinaAMC NASDAQ-100 Daily (2x) Lev (7261)	7261	나스닥 100	+2배	약 1.5억 홍콩달러

CSOP Hang Seng China Ent Daily (2x) Lev (7288)	7288	홍콩 H (중국본토국영기업 지수)	+2배	약 1.2억 홍콩달러
ChinaAMC NASDAQ-100 Daily (-2x) Inv (7522)	7522	나스닥 100	-2배	약 0.9억 홍콩달러
CSOP Hang Seng China Ent Daily (-2x) Inv (7588)	7588	홍콩 H	-2배	약 0.8억 홍콩달러
CSOP Samsung Electronics Daily (2x) Lev (7342)	7342	삼성전자 (005930)	+2배	약 0.7억 홍콩달러

*자료 : HKEX 2025 연간 시장 통계, CSOP Asset Management 2025

영국을 포함한 유럽 시장은 ETF라는 명칭 대신 레버리지 상품에 대해 ETP 또는 ETC라는 용어를 주로 사용합니다. 앞서 소개한 레버리지 셰어즈와 위즈덤트리의 단일 종목 및 지수형 상품이 거래를 주도하고 있습니다. 미국과 달리 영국유럽 시장은 개별 주식의 3배 레버리지 상품이 제도권 내에서 활발히 거래되는 것이 가장 큰 특징입니다.

유튜버들은 절대 알려주지 않는 **레버리지 ETF의 34가지 비밀**

■ 영국 TOP 10

ETF 이름	종목코드	추종 지수 / 자산	방향 및 배수	운용자산 규모
Leverage Shares 3x NVIDIA ETP	NVD3	엔비디아 (NVDA)	+3배	약 4.2억 파운드
WisdomTree NASDAQ 100 3x Daily Lev	QQQ3	나스닥 100	+3배	약 3.8억 파운드
Leverage Shares 3x Tesla ETP	TSL3	테슬라 (TSLA)	+3배	약 2.1억 파운드
WisdomTree S&P 500 3x Daily Leveraged	3LUS	S&P 500	+3배	약 1.9억 파운드
WisdomTree NASDAQ 100 3x Daily Short	QQQS	나스닥 100	-3배	약 0.7억 파운드
Leverage Shares 3x Microsoft ETP	MSF3	마이크로 소프트 (MSFT)	+3배	약 0.6억 파운드
Leverage Shares 3x Apple ETP	APL3	애플 (AAPL)	+3배	약 0.5억 파운드
WisdomTree FTSE 100 3x Daily Leveraged	3UKL	FTSE 100	+3배	약 0.4억 파운드

| WisdomTree S&P 500 3x Daily Short | 3SUS | S&P 500 | -3배 | 약 0.3억 파운드 |
| Leverage Shares 3x Long Coinbase ETP | CONV | 코인베이스 글로벌 (COIN) | +3배 | 약 0.3억 파운드 |

*자료 : 런던증권거래소(LSE), JustETF

유튜버들은 절대 알려주지 않는 **레버리지 ETF의 34가지 비밀**

서학개미에게 특히 인기 있는 레버리지·인버스 ETF

한국예탁결제원 기준,

서학개미가 가장 많이 거래하고 보유한 레버리지·인버스 ETF

아래는 한국예탁결제원이 KSD 증권정보포털 SEIBro 홈페이지를 통해 제공하는 종목별 내역 중 레버리지·인버스 ETF를 정리한 것입니다. 거래의 경우는 2025년 1월부터 12월까지 누적금액을 기준으로 하고, 보유의 경우는 2025년 12월 31일 보유금액을 기준으로 합니다.

*자료 : SEIBro 홈 ⋯ 국제거래 ⋯ 외화증권예탁결제 ⋯ 종목별내역(주식TOP50)

■ 거래 TOP 50 중 레버리지·인버스 ETF

ETF 이름	종목코드	추종 지수 / 자산	방향 및 배수	운용자산 규모
ProShares UltraPro QQQ	TQQQ	나스닥 100	+3배	약 302억 달러
Direxion Daily Semiconductors Bull 3X	SOXL	ICE 반도체	+3배	약 125억 달러

Direxion Daily TSLA Bull 2X Shares	TSLL	테슬라 (TSLA)	+2배	약 62억 달러
GraniteShares 2.0x Long NVDA Daily	NVDL	엔비디아 (NVDA)	+2배	약 43억 달러
Direxion Daily 20+ Year Treasury Bull 3X	TMF	미 국채 만기 20년 이상	+3배	약 36억 달러
ProShares UltraPro Short QQQ	SQQQ	나스닥 100	-3배	약 20억 달러
Volatility Shares 2x Ether Strategy	ETHU	이더리움 선물	+2배	약 15억 달러
2x Bitcoin Strategy ETF	BITX	비트코인 선물	+2배	약 14.6억 달러
Direxion Daily Semiconductor Bear 3X	SOXS	ICE 반도체	-3배	약 11억 달러
ProShares Ultra Bitcoin ETF	BITU	비트코인 현물	+2배	약 6억 달러
GraniteShares 2x Long PLTR Daily ETF	PTIR	팔란티어 (PLTR)	+2배	약 5.7억 달러

유튜버들은 절대 알려주지 않는 **레버리지 ETF의 34가지 비밀**

GraniteShares 2x ETF	CONL	코인베이스 글로벌 (COIN)	+2배	약 5.4억 달러
Direxion Daily PLTR Bull 2X Shares	PLTU	팔란티어 (PLTR)	+2배	약 5억 달러
T-Rex 2X Long MSTR Daily Target	MSTU	스트래티지 (MSTR) *舊 마이크로 스트래티지	+2배	약 4.5억 달러
VS Trust 2x Long VIX Futures	UVIX	VIX 단기선물	+2배	약 3억 달러
Tradr 2X Short TSLA Daily ETF	TSLQ	테슬라 (TSLA)	-2배	약 2억 달러
T-Rex 2X Inverse MSTR Daily Target	MSTZ	스트래티지 (MSTR) *舊 마이크로 스트래티지	-2배	약 0.9억 달러

■ 보유 TOP 50 중 레버리지·인버스 ETF

ETF 이름	종목코드	추종 지수 / 자산	방향 및 배수	운용자산 규모
ProShares UltraPro QQQ	TQQQ	나스닥 100	+3배	약 302억 달러

Direxion Daily Semiconductors Bull 3X	SOXL	ICE 반도체	+3배	약 125억 달러
ProShares Ultra QQQ	QLD	나스닥 100	+2배	약 108억 달러
Direxion Daily TSLA Bull 2X Shares	TSLL	테슬라 (TSLA)	+2배	약 62억 달러
GraniteShares 2.0x Long NVDA Daily	NVDL	엔비디아 (NVDA)	+2배	약 43억 달러
Direxion Daily 20+ Year Treasury Bull 3X	TMF	미 국채 만기 20년 이상	+3배	약 36억 달러
Volatility Shares 2x Ether Strategy	ETHU	이더리움 선물	+2배	약 15억 달러

유튜버들은 절대 알려주지 않는 **레버리지 ETF의 34가지 비밀**

키움증권에서 서학개미가 가장 많이 거래한 국가별 레버리지·인버스 ETF

다음은 2025년 1월부터 10월까지 키움증권에서 서학개미가 미국, 일본, 홍콩, 영국에서 가장 많이 거래한 레버리지·인버스 ETF들을 정리한 것입니다.

■ 미국 TOP 10

ETF 이름	종목코드	추종 지수 / 자산	방향 및 배수	운용자산 규모
ProShares UltraPro QQQ	TQQQ	나스닥 100	+3배	약 302억 달러
Direxion Daily Semiconductor Bull 3x Shares	SOXL	ICE 반도체	+3배	약 125억 달러
ProShares Ultra QQQ ETF	QLD	나스닥 100	+2배	약 108억 달러
Direxion Daily TSLA Bull 2X Shares ETF	TSLL	테슬라 (TSLA)	+2배	약 62억 달러
GraniteShares 2x Long NVDA Daily ETF	NVDL	엔비디아 (NVDA)	+2배	약 43억 달러
ProShares Ultra Semiconductors ETF	USD	다우존스 미국 반도체 지수	+2배	약 18억 달러

ETF 이름	종목코드	추종 지수 / 자산	방향 및 배수	운용자산 규모
2x Ether ETF	ETHU	이더리움 선물	+2배	약 15억 달러
2x Bitcoin Strategy ETF	BITX	비트코인 선물	+2배	약 14.6억 달러
Proshares Ultra Bitcoin ETF	BITU	비트코인 선물	+2배	약 6억 달러
T-REX 2X Long BMNR Daily Target ETF	BMNU	비트마인 이머전 테크놀로지 (BMNR)	+2배	약 4억 달러

■ 일본 TOP 10

ETF 이름	종목코드	추종 지수 / 자산	방향 및 배수	운용자산 규모
NEXT FUNDS Nikkei 225 Double Inverse Index ETF	1357	니케이 225	-2배	약 1,652억 엔
Rakuten ETF- Nikkei 225 Double Inverse Index	1459	니케이 225	-2배	약 894억 엔
NEXT NOTES Dubai Crude Oil Double Bull ETN	2038	두바이산 원유 선물	+2배	약 215억 엔

유튜버들은 절대 알려주지 않는 **레버리지 ETF의 34가지 비밀**

Simplex Nikkei 225 Bear -2x ETF	1366	니케이 225	-2배	약 148억 엔
TOPIX Bear -2x Index ETF	1356	TOPIX	-2배	약 145억 엔
NEXT FUNDS JPX JGB Futures Double Inverse Index ETF	1525	일 국채 만기 10년물	-2배	약 112억 엔
Simplex Nikkei 225 Bull 2x ETF	1561	니케이 225	+2배	약 72억 엔
iFreeETF S&P 500 Leveraged (2x)	2237	S&P 500	+2배	약 46억 엔
iFreeETF NASDAQ100 Double Inverse (-2x)	2842	나스닥 100	-2배	약 28억 엔
iFreeETF NASDAQ100 Inverse (-1x)	2846	나스닥 100	-1배	약 12억 엔

ETF 이름	종목코드	추종 지수 / 자산	방향 및 배수	운용자산 규모
CSOP Hang Seng TECH Index Daily (-2x) Inverse Product	7552	항셍테크	-2배	약 42.3억 홍콩달러
CSOP Hang Seng Index Daily (-1x) Inverse Product	7300	항셍	-1배	약 10.1억 홍콩달러
CSOP SK Hynix Daily (2x) Leveraged Product	7709	SK하이닉스 (000660)	+2배	약 2.8억 홍콩달러
CSOP MicroStrategy Daily (2x) Leveraged Product	7799	스트래티지 (MSTR) *舊 마이크로 스트래티지	+2배	약 1.4억 홍콩달러
CSOP Coinbase Daily (2x) Leveraged Product	7711	코인베이스 글로벌 (COIN)	+2배	약 1.1억 홍콩달러
ChinaAMC NASDAQ-100 Index Daily (-2x) Invrs Product	7522	나스닥 100	-2배	약 0.9억 홍콩달러
CSOP Hang Seng China Enterprises Index Daily (-2x) Inverse Product	7588	홍콩 H (중국본토국영기업 지수)	-2배	약 0.8억 홍콩달러
Fubon FTSE Taiwan Daily (-1x) Inverse Product	7332	대만 (가권지수)	-1배	약 0.6억 홍콩달러

ETF 이름	종목코드	추종 지수 / 자산	방향 및 배수	운용자산 규모
CSOP Samsung Electronics Daily (-2x) Inverse Product	7347	SK하이닉스 (000660)	-2배	약 0.4억 홍콩달러
CSOP MicroStrategy Daily (-2x) Inverse Product	7399	스트래티지 (MSTR) *舊 마이크로 스트래티지	-2배	약 0.3억 홍콩달러

*운용자산규모 는 2025년 12월 31일 기준

■ 영국 TOP 10

ETF 이름	종목코드	추종 지수 / 자산	방향 및 배수	운용자산 규모
Leverage Shares 3x Tesla ETP Securities	TSL3	테슬라 (TSLA)	+3배	약 1.56억 파운드
Leverage Shares 3x NVIDIA ETP Securities	NVD3	엔비디아 (NVDA)	+3배	약 0.70억 파운드
GraniteShares 3x Long Tesla Daily ETP	3LTS	테슬라 (TSLA)	+3배	약 0.37억 파운드
Leverage Shares 3x Long MicroStrategy (MSTR) ETP	MST3	스트래티지 (MSTR) *舊 마이크로 스트래티지	+3배	약 0.35억 파운드
Leverage Shares 3x Palantir ETP Securities	PLT3	팔란티어 테크놀로지 (PLTR)	+3배	약 0.26억 파운드

GraniteShares 3x Long NVIDIA Daily ETP	3LNV	엔비디아 (NVDA)	+3배	약 0.25억 파운드
Leverage Shares 3x Long Coinbase (COIN) ETP Securities	CON3	코인베이스 글로벌 (COIN)	+3배	약 0.23억 파운드
Leverage Shares 3x AMD ETP Securities	AMD3	AMD (AMD)	+3배	약 0.16억 파운드
Leverage Shares -3x Short Tesla ETP Securities	TS3S	테슬라 (TSLA)	-3배	약 0.12억 파운드
Leverage Shares -3x Short MicroStrategy (MSTR) ETP	MSTS	스트래티지 (MSTR) *舊 마이크로 스트래티지	-3배	약 0.05억 파운드

*위 상품들은 광의의 ETP(상장지수상품) 범주에 속하며, 세부적으로는 펀드 형태인 ETF와는 차이가 있는 담보부 증권(Collateralized ETN/ETP) 구조입니다. 따라서 운용자산 규모(AUM)는 발행사가 해당 전략에 할당한 총 담보 자산 가치를 의미합니다.

유튜버들은 절대 알려주지 않는 **레버리지 ETF의 34가지 비밀**

부록 2

주요 레버리지·인버스 ETF 100
: 성과 및 투자 전략 총정리

레버리지·인버스 ETF 100
: 성과 및 투자 전략 총정리

*자료 : Seeking Alpha, 2026년 1월 기준

1 지수 TQQQ ProShares UltraPro QQQ ETF

발행사	프로셰어즈	설정일	2010-02-09	운용보수	0.82%
분류	지수 및 바스켓	운용자산	(백만 달러) 30,262	(억 원) 438,808	

주가(달러)			수익률		
ETF 종가	52주 저가	52주 고가	5일 수익률	1개월 수익률	6개월 수익률
56.54	17.5	60.685	4.46%	-0.42%	23.89%

평균 거래주수	2026 연초 이후 수익률	1년 수익률	3년 수익률
102.12M	4.48%	26.99%	405.06%

나스닥 100 지수의 일일 수익률을 3배로 추종하는 가장 대표적인 고위험·고수익 레버리지 ETF 중 하나. 기술주·성장주 중심의 강세장이 지속될 때 단기 트레이딩이나 상승 모멘텀 베팅의 핵심 무기로 활용되며, 2010년대 후반과 2020년대 초반처럼 나스닥이 폭발적으로 상승했던 기간 동안 높은 수익을 낸 사례가 많아 여전히 큰 인기를 끌고 있습니다.

일부 투자자들은 상승 추세가 명확할 때 적립식으로 조금씩 매수하는 방식을 쓰기도 하지만, 장기 투자 목적으로 설계된 상품은 아닙니다. 시장이 20~30% 이상 조정을 받는 구간 일례로, 2022년 베어마켓에서는 자산 가치가 90% 이상 증발하는 사례가 빈번하며, 레버리지

ETF 고유의 변동성 끌림 효과 때문에 횡보장이나 반복적인 등락 구간에서도 장기 보유 시 원 지수나스닥 100 수익률을 크게 밑돌거나 손실이 누적되는 구조입니다. 따라서 대부분의 전문가와 경험자들은 명확한 상승 국면에서만 단기나 중기로 활용하고, 손절 라인과 포지션 사이징을 철저히 관리할 것을 권장합니다.

2 지수 SOXL Direxion Daily Semiconductor Bull 3X Shares ETF

발행사	디렉시온	설정일	2010-03-11	운용보수	0.75%
분류	지수 및 바스켓	운용자산	(백만 달러) 12,595	(억 원) 182,627	

주가(달러)			수익률		
ETF 종가	52주 저가	52주 고가	5일 수익률	1개월 수익률	6개월 수익률
64.96	7.225	66.96	-4.38%	37.30%	137.11%

평균 거래주수	2026 연초 이후 수익률	1년 수익률	3년 수익률
87.14M	44.42%	85.91%	307.03%

반도체 지수ICE Semiconductor Index의 일일 수익률을 3배 추종하는 반도체 섹터 전용 레버리지 ETF. 최근 AI 붐, 데이터센터 확장, 고성능 컴퓨팅 수요 폭증으로 반도체 산업이 초강세를 보이는 환경에서 가장 강력한 레버리지 수단으로 평가받고 있습니다. 투자자들은 반도체 사이클이 본격 상승 국면에 진입했다고 판단될 때 적극적으로 매수하며, 며칠에서 몇 주에 걸친 단기 스윙 트레이딩부터 몇 달에서 1년 정도의 중기 베팅까지 폭넓게 활용합니다. 반도체 산업은 35년 주기의 뚜렷한 업앤다운 사이클을 반복하는데, 하강기나 재고 조정기에는 지수가 50~80% 급락하는 경우가 흔하며, 3배 레버리지로 인해 자산 가치가 95% 이상 하락하는 사례가 실제로 발생한 바 있습니다. 횡보장에서도 변동성 끌림 및 음의 복리 효과가 빠르게 누적되므로, 반도체 강세 모멘텀이 명확할 때만 집중 베팅하고, 시장의 움직임

에 대한 빠른 대응이 필요합니다.

3 지수 **QLD** ProShares Ultra QQQ ETF

발행사	프로셰어즈	설정일	2006-06-19	운용보수	0.95%
분류	지수 및 바스켓	운용자산	(백만 달러) 10,881	(억 원) 157,774	

주가(달러)			수익률		
ETF 종가	52주 저가	52주 고가	5일 수익률	1개월 수익률	6개월 수익률
73.96	32.36	76.665	3.01%	-0.03%	17.72%

평균 거래주수	2026 연초 이후 수익률	1년 수익률	3년 수익률
5.60M	3.20%	25.83%	246.85%

나스닥 100 지수의 일일 수익률을 2배 추종하는 레버리지 ETF. TQQQ3배보다 변동성이 상대적으로 낮아 "조금 더 안정적인 기술주 레버리지"로 인식되는 경향이 있습니다. QQQ를 기본으로 보유하면서 성장성을 더 키우고 싶은 투자자들이 포트폴리오의 20~50% 정도를 QLD에 배분해 단기와 중기로 운용하는 경우가 많은데요. 기술주가 시장을 주도하는 환경에서는 2배 복리 효과가 꽤 강력하게 나타납니다.

2배 레버리지라도 장기 횡보장이나 10~20%대 반복 조정 구간에서 변동성 끌림이 누적되어 결국 원 지수나스닥 100보다 낮은 성과를 내는 경향이 뚜렷하며, 큰 하락장에서는 손실 폭이 2배 이상 확대되기도 합니다. 따라서 지속적인 상승 추세 확인 후 활용하고, 시장 과열 시 비중을 축소하는 것이 좋겠습니다.

 유튜버들은 절대 알려주지 않는 **레버리지 ETF의 34가지 비밀**

SSO ProShares Ultra S&P500 ETF

발행사	프로세어즈	설정일	2006-06-19	운용보수	0.87%
분류	지수 및 바스켓	운용자산	(백만 달러) 8,111	(억 원) 117,603	

주가(달러)			수익률		
ETF 종가	52주 저가	52주 고가	5일 수익률	1개월 수익률	6개월 수익률
59.99	30.42	60.24	2.11%	0.22%	15.12%

평균 거래주수	2026 연초 이후 수익률	1년 수익률	3년 수익률
4.58M	2.75%	20.16%	144.99%

S&P 500 지수의 일일 수익률을 2배 추종하는 가장 기본적인 광범위 시장 레버리지 ETF. 기술주 비중이 나스닥보다 낮아 섹터 다각화 효과가 있고, 변동성도 QLD나 3배 상품들보다 덜 극단적이어서 레버리지 입문용으로 많이 활용되곤 합니다. 시장 전체가 상승 국면에 들어섰다고 판단될 때 비중을 확대하거나, 적립식으로 조금씩 사 모으는 전략을 주로 사용합니다. 레버리지 ETF의 본질적 특성인 변동성 끌림 때문에 장기간 횡보하거나 등락을 반복하는 구간에서는 S&P 500 원 지수보다 현저히 낮은 수익률을 기록하는 사례가 대부분이며, 큰 조정 시 손실이 2배 이상 증폭됩니다. 명확한 불마켓 진입 신호 후 단기 또는 중기 활용이 바람직하겠습니다.

  SPXL Direxion Daily S&P500 Bull 3X

| 발행사 | 디렉시온 | 설정일 | 2008-11-05 | 운용보수 | 0.87% |
| 분류 | 지수 및 바스켓 | 자산분류 | (백만 달러) 5,768 (억 원) 83,641 | | |

주가(달러)			수익률		
ETF 종가	52주 저가	52주 고가	5일 수익률	1개월 수익률	6개월 수익률
231.9	87.08	233.84	3.15%	0.00%	21.60%

평균 거래주수	2026 연초 이후 수익률	1년 수익률	3년 수익률
3.21M	3.86%	23.19%	224.86%

S&P 500 지수의 일일 수익률을 3배로 추종하는 공격형 레버리지 ETF입니다. 시장이 강세 국면을 유지할 때 연평균 30~60% 이상의 수익률을 기대할 수 있어 고수익을 노리는 투자자들에게 꾸준한 인기를 끌고 있습니다. 일부 투자자들은 '월급쟁이 3배 적립식' 같은 전략을 활용하기도 하지만, 본래 장기 투자를 목적으로 설계된 상품이 아닙니다. 단 한 번의 20~30% 시장 조정만으로도 자산이 70~90% 이상 감소할 수 있으며, 3배 레버리지 특유의 변동성 끌림 효과가 장기적으로 누적되면 실제 장기 보유 사례에서 원 지수S&P 500수익률의 절반 이하로 끝나는 경우가 적지 않습니다. 상승 모멘텀이 강한 시기에 단기·중기로 집중 베팅한 뒤 빠르게 이탈하는 것이 핵심 전략입니다.

6 지수 **UPRO** ProShares UltraPro S&P500 ETF

| 발행사 | 프로셰어즈 | 설정일 | 2009-06-23 | 운용보수 | 0.89% |
| 분류 | 지수 및 바스켓 | 운용자산 | (백만 달러) 4,810 (억 원) 69,751 | | |

주가(달러)			수익률		
ETF 종가	52주 저가	52주 고가	5일 수익률	1개월 수익률	6개월 수익률
121.67	45.88	122.71	3.12%	0.00%	21.10%
평균 거래주수		2026 연초 이후 수익률	1년 수익률	3년 수익률
5.20M		3.86%	22.88%	223.31%

S&P 500 지수의 일일 수익률을 3배로 추종하는 레버리지 ETF로, SPXL과 거의 동일한 성격을 지니고 있으며, 상승장에서 복리 효과를 극대화하려는 투자자들이 매월 정기 매수 전략에 자주 활용하는 상품입니다. 강세장 후반부에는 폭발적인 수익을 내기도 합니다.

한편 횡보장이나 하락장에서는 변동성 끌림이 급속도로 작용해 손실이 가속되며, 역사적 데이터상 3년 이상 보유한 대부분의 사례에서 원 지수 대비 현저히 낮은 성과를 보였습니다. 명확한 상승 추세를 확인한 뒤 단기·중기로 운용하는 것이 바람직합니다.

7 지수 **TECL** Direxion Daily Technology Bull 3X

발행사	디렉시온	설정일	2008-12-17	운용보수	0.85%
분류	지수 및 바스켓	운용자산	(백만 달러) 3,992	(억 원) 57,891	

주가(달러)			수익률		
ETF 종가	52주 저가	52주 고가	5일 수익률	1개월 수익률	6개월 수익률
126.12	32.5216	155.5	4.63%	-2.23%	18.16%
평균 거래주수		2026 연초 이후 수익률	1년 수익률	3년 수익률
1.26M		3.18%	24.70%	359.46%

IT 섹터S&P Technology Select Sector Index의 일일 수익률을 3배로 추종하는 레버리지 ETF. 빅테크, AI, 클라우드, 반도체 등 기술주 랠리가 시장을 주도할 때 가장 강력한 수익률을 기록하는 상품 중 하나입니다. IT 섹터 모멘텀이 강해지는 시기에 집중 매수하며, 단기 스윙부터 수개월의 중기 보유까지 다양한 방식으로 활용됩니다. IT 섹터는 업종 로테이션이나 밸류에이션 조정 시 30~50%의 급락이 빈번하게 나타나며, 3배 레버리지 특성상 섹터 자체가 장기 우상향하더라도 ETF는 변동성 끌림으로 인해 훨씬 낮은 성과에 그치는 경우가 많습니다. 기술주 강세 국면에 한정해 활용하는 것이 최선입니다.

8 지수 **BULZ** MicroSectors Solactive FANG Innovation 3X

발행사	BMO 캐피탈 마켓	설정일	2021-08-17	운용보수	0.95%
분류	지수 및 바스켓	운용자산	(백만 달러) 2,291	(억 원) 33,216	

주가(달러)			수익률		
ETF 종가	52주 저가	52주 고가	5일 수익률	1개월 수익률	6개월 수익률
274.27	57	335.58	1.02%	-2.38%	43.18%

평균 거래주수	2026 연초 이후 수익률	1년 수익률	3년 수익률
266.82K	2.66%	46.75%	689.98%

솔라액티브 팡 이노베이션Solactive FANG Innovation 지수를 3배로 추종하는 레버리지 ETN입니다. 메타 플랫폼스, 애플, 엔비디아, 구글 등 메가테크·혁신 기업에 매우 집중된 상품으로, 빅테크가 시장을 압도적으로 주도하는 시기에 단기·중기 폭발적 수익을 노리는 투자자들이 즐겨 활용합니다. 편입 종목 수가 적고 집중도가 높은 만큼 개별 기업의 실적 부진이나 규제 이슈 등에 민감하게 반응하며, 변동성 끌림와 집중 리스크가 복합적으로 작용해 장기 보유 시 자산이 소멸될 위험이 매우 큽니다. 빅테크 주도 랠리 국면에 한정해 단기 베팅 용

 유튜버들은 절대 알려주지 않는 **레버리지 ETF의 34가지 비밀**

도로만 활용하는 것을 권장합니다.

 FAS Direxion Daily Financial Bull 3X

발행사	디렉시온	설정일	2008-11-06	운용보수	0.89%
분류	지수 및 바스켓	운용자산	(백만 달러) 2,230	(억 원) 32,330	

주가(달러)			수익률		
ETF 종가	52주 저가	52주 고가	5일 수익률	1개월 수익률	6개월 수익률
150.59	92.66	189.23	-0.47%	-12.69%	-13.18%

평균 거래주수	2026 연초 이후 수익률	1년 수익률	3년 수익률
576.60K	-8.50%	-10.98%	100.91%

금융 섹터 Russell 1000 Financial Services Index를 3배로 추종하는 레버리지 ETF입니다. 금리 상승 사이클이나 경기 정상화·회복 국면에서 강한 성과를 보이나 저금리·장기 침체 환경에서는 부진한 성과를 보이며, 3배 레버리지 특성상 섹터가 횡보하거나 조정을 받는 기간에는 변동성 끌림이 빠르게 누적되어 원 지수 대비 성과가 크게 떨어집니다. 금리 상승 또는 경제 회복 초기 단계에 한정해 단기·중기 운용 용도로 활용하는 것이 적합합니다.

<table>
<tr><td colspan="6">10 지수   SQQQ ProShares UltraPro Short QQQ ETF</td></tr>
</table>

발행사	프로셰어즈	설정일	2010-02-09	운용보수	0.95%
분류	지수 및 바스켓	운용자산	(백만 달러) 2,098	(억 원) 30,422	

주가(달러)			수익률		
ETF 종가	52주 저가	52주 고가	5일 수익률	1개월 수익률	6개월 수익률
63.33	63.05	289	-4.27%	-0.40%	-28.69%

평균 거래주수	2026 연초 이후 수익률	1년 수익률	3년 수익률
37.67M	-5.01%	-53.40%	-53.74%

나스닥 100 지수를 -3배로 추종하는 인버스 레버리지 ETF입니다. 기술주와 성장주가 약세를 보이거나 큰 조정 또는 베어마켓 국면에서 헤지 및 단기 반대 매매 수단으로 가장 많이 활용됩니다. 시장 과열 시 단기 진입 후 빠르게 청산하는 것이 일반적인 운용 패턴이고요. 주식시장이 장기적으로 우상향하는 구조상, 인버스 레버리지 상품은 상승장이 지속될수록 변동성 끌림으로 인해 자산 가치가 빠르게 소멸하는 경향이 강합니다. 단기 하락 베팅 또는 포트폴리오 헤지 용도로만 엄격하게 활용해야겠습니다.

<table>
<tr><td colspan="6">11 지수   FNGU Microsectors FANG+ 3x Leveraged ETNs</td></tr>
</table>

발행사	BMO 캐피탈 마켓	설정일	2025-02-20	운용보수	0.35%
분류	지수 및 바스켓	운용자산	(백만 달러) 1,830	(억 원) 26,537	

주가(달러)			수익률		
ETF 종가	52주 저가	52주 고가	5일 수익률	1개월 수익률	6개월 수익률
24.26	7.9502	34.14	8.89%	-11.45%	-6.00%

유튜버들은 절대 알려주지 않는 **레버리지 ETF의 34가지 비밀**

평균 거래주수	2026 연초 이후 수익률	1년 수익률	3년 수익률
4.56M	-6.93%	-	-

NYSE FANG+ 지수NYSE FANG+ Index를 3배로 추종하는 레버리지 ETN입니다. 메타 플랫폼스, 애플, 엔비디아, 테슬라 등 초대형 기술주 10개 종목에 집중된 상품으로, 빅테크가 시장을 완전히 주도하는 환경에서 가장 강력한 레버리지 수단 중 하나입니다. 빅테크 실적 시즌이나 AI, 클라우드 모멘텀이 강해지는 시기, 단기·중기 베팅에 집중하는 투자자들이 주로 활용합니다. 그러나 종목 집중도가 매우 높아 한두 개 기업의 실적 부진이나 규제 이슈만으로도 급락이 발생할 수 있으며, 3배 레버리지와 변동성 끌림이 복합적으로 작용해 장기 보유 시 자산이 급속히 줄어드는 구조입니다. 빅테크 랠리 국면에 한정해 단기 활용하는 것이 최선입니다.

12 지수 USD ProShares Ultra Semiconductors ETF

발행사	프로셰어즈	설정일	2007-01-30	운용보수	0.95%
분류	지수 및 바스켓	운용자산	(백만 달러) 1,793	(억 원) 26,000	

주가(달러)			수익률		
ETF 종가	52주 저가	52주 고가	5일 수익률	1개월 수익률	6개월 수익률
58.2	12.565	64.89	-0.51%	2.67%	34.62%

평균 거래주수	2026 연초 이후 수익률	1년 수익률	3년 수익률
914.59K	6.82%	54.05%	903.56%

반도체 지수Dow Jones U.S. Semiconductors Index를 2배로 추종하는 레버리지 ETF입니다. SOXL3배보다 변동성이 낮아, 반도체 섹터의 장기 성장에 긍정적인 시각을 가진 투자자들

이 조금 덜 위험한 레버리지 수단으로 선택하는 경우가 많습니다. AI와 고성능 컴퓨팅 수요가 지속되는 환경에서는 우상향 가능성이 높게 평가됩니다. 그러나 반도체 사이클 하강기나 재고 조정기에는 2배 레버리지임에도 50% 이상의 하락이 나타날 수 있으며, 횡보나 조정 구간에서는 변동성 끌림이 누적되어 원 지수 대비 성과가 떨어지게 됩니다. 반도체 강세 모멘텀을 확인한 뒤 단기·중기 베팅 용도로 활용하기를 권합니다.

13 지수 TNA Direxion Daily Small Cap Bull 3X Shares ETF

발행사	디렉시온	설정일	2008-11-05	운용보수	1.03%
분류	지수 및 바스켓	운용자산	(백만 달러) 1,683	(억 원) 24,396	

주가(달러)			수익률		
ETF 종가	52주 저가	52주 고가	5일 수익률	1개월 수익률	6개월 수익률
55.83	18.01	60.4362	-4.48%	14.16%	49.10%

평균 거래주수	2026 연초 이후 수익률	1년 수익률	3년 수익률
11.43M	21.63%	20.97%	44.93%

러셀 2000 지수Russell 2000 Index를 3배로 추종하는 레버리지 ETF입니다. 소형주가 위험 선호 심리와 함께 강세를 보이는 경기 회복 초기 단계에서 폭발적인 수익을 내죠. 경제 지표 개선이나 금리 인하 기대감이 높아지는 시기에 적극적으로 매수하는 투자자들이 많습니다. 그러나 소형주는 본래 변동성이 크고 유동성도 낮아 20~50%의 급락이 빈번하게 나타나며, 3배 레버리지로 인해 변동성 끌림 및 음의 복리 효과가 극대화되어 장기 보유 시 손실을 기록할 가능성이 있습니다. 소형주 강세 사이클 초입 국면에 한정해 단기·중기 활용 용도

로 접근하는 것이 적합합니다.

14 지수 **NUGT** Direxion Daily Gold Miners Index Bull 2X Shares ETF

발행사	디렉시온	설정일	2010-12-08	운용보수	1.13%
분류	지수 및 바스켓	운용자산	(백만 달러) 1,542　(억 원) 22,363		

주가(달러)			수익률		
ETF 종가	52주 저가	52주 고가	5일 수익률	1개월 수익률	6개월 수익률
294.5	41.81	311.95	12.35%	36.75%	261.62%
평균 거래주수			2026 연초 이후 수익률	1년 수익률	3년 수익률
868.79K			55.39%	557.34%	567.31%

NYSE Arca 금 채굴 기업 지수NYSE Arca Gold Miners Index를 2배로 추종하는 레버리지 ETF 입니다. 금 가격 상승과 금광 기업들의 운영 레버리지 효과가 결합되어, 금 강세장에서 3~5 배 이상의 수익을 내는 경우가 많습니다. 인플레이션 우려, 달러 약세, 지정학적 리스크가 확대되는 시기에 단기·중기 매수 전략으로 활용되곤 하는데요. 금 가격이 횡보하거나 하락 으로 반전하면 원 지수는 더 큰 폭으로 떨어지며, 2배 변동성 끌림 효과가 장기적으로 누적 되어 금 현물 대비 훨씬 낮은 성과를 보이는 구간들도 있습니다. 금 강세 국면에 한정해 활 용하는 것을 권장합니다.

SOXS Direxion Daily Semiconductor Bear 3X Shares ETF

발행사	디렉시온	설정일	2010-03-11	운용보수	0.97%
분류	지수 및 바스켓	운용자산	(백만 달러) 1,138		(억 원) 16,502

주가(달러)			수익률		
ETF 종가	52주 저가	52주 고가	5일 수익률	1개월 수익률	6개월 수익률
1.91	1.86	53.43	4.57%	-31.10%	-73.07%

평균 거래주수	2026 연초 이후 수익률	1년 수익률	3년 수익률
335.23W	-34.19%	-88.61%	-98.99%

반도체 지수ICE Semiconductor Index를 -3배로 추종하는 인버스 레버리지 ETF입니다. 반도체 섹터가 과열 양상을 보이거나 사이클 하강 초입 국면에서 단기 헤지 및 반대 매매 수단으로 활용됩니다. 반도체 산업이 장기적으로 성장하는 구조상, 상승장이 지속될수록 변동성 끌림으로 인해 자산 가치가 거의 빠르게 하락하는 경향이 있습니다. 단기 급락 베팅 또는 포트폴리오 헤지 용도로만 엄격하게 활용해야 합니다.

SH ProShares Short S&P500 ETF

발행사	프로셰어즈	설정일	2006-06-19	운용보수	0.89%
분류	지수 및 바스켓	운용자산	(백만 달러) 1,036		(억 원) 15,022

주가(달러)			수익률		
ETF 종가	52주 저가	52주 고가	5일 수익률	1개월 수익률	6개월 수익률
35.46	35.36	51.37	-0.97%	0.08%	-8.03%

평균 거래주수	2026 연초 이후 수익률	1년 수익률	3년 수익률
6.82M	-1.19%	-13.21%	-31.90%

S&P 500 지수를 -1배로 추종하는 인버스 ETF. 시장 전체 하락에 대비하는 가장 기본적인 헤지 수단으로, 포트폴리오 보호 목적이나 단기 베어마켓 베팅에 활용됩니다. 주식시장이 장기적으로 우상향하는 특성상, 지속 보유 시 손실이 누적되는 경향이 큽니다. 단기 헤지 용도로만 한정해 활용해야 합니다.

17 지수 **YINN** Direxion Daily FTSE China Bull 3X Shares ETF

발행사	디렉시온	설정일	2009-12-03	운용보수	1.36%
분류	지수 및 바스켓	운용자산	(백만 달러) 950	(억 원) 13,775	

주가(달러)			수익률		
ETF 종가	52주 저가	52주 고가	5일 수익률	1개월 수익률	6개월 수익률
47.46	21.4118	57.71	0.55%	1.74%	-2.70%

평균 거래주수	2026 연초 이후 수익률	1년 수익률	3년 수익률
1.84M	7.28%	53.37%	-33.19%

FTSE 중국 50 지수FTSE China 50 Index를 3배로 추종하는 레버리지 ETF로, 중국 정부의 대규모 부양책 발표나 경제 회복 신호가 감지될 때 공격적으로 매수하는 투자자들이 활용하는 상품입니다. 문제는 중국 증시의 경우 정책, 지정학, 규제 리스크가 매우 높다는 것입니다. 따라서 중국 관련 긍정적인 뉴스나 정책 모멘텀이 확인되는 시기에 한정해 베팅 용도로 활용하는 것이 적합합니다.

JNUG Direxion Daily Jr Gold Miners Bull 2X

발행사	디렉시온	설정일	2013-10-03	운용보수	1.02%
분류	지수 및 바스켓	운용자산	(백만 달러) 857　(억 원) 12,419		

주가(달러)			수익률		
ETF 종가	52주 저가	52주 고가	5일 수익률	1개월 수익률	6개월 수익률
45.42	16.48	46.85	13.52%	37.83%	314.77%
평균 거래주수		2026 연초 이후 수익률	1년 수익률	3년 수익률	
1.05M		61.35%	649.66%	662.07%	

소형 금광 업체 지수Junior Gold Miners Index를 2배로 추종하는 레버리지 ETF입니다. NUGT 보다 규모가 작은 금광 기업 및 탐사 기업 위주로 구성되어 있어 더 높은 레버리지 효과를 발휘합니다. 금 가격이 급등하거나 탐사 관련 호재가 나타나는 시기에 집중 매수하는 투자 자들이 많은데, 금 가격 변동성에 소형 금광 기업 고유의 리스크와 변동성 끌림 및 음의 복리 효과까지 복합적으로 작용해 장기 보유 시에는 손실 위험이 큽니다. 금 강세 국면에 한정해 단기 활용 용도로만 접근하는 것을 권장합니다.

ROM ProShares Ultra Technology ETF

발행사	프로셰어즈	설정일	2007-01-30	운용보수	0.95%
분류	지수 및 바스켓	운용자산	(백만 달러) 855　(억 원) 12,400		

주가(달러)			수익률		
ETF 종가	52주 저가	52주 고가	5일 수익률	1개월 수익률	6개월 수익률
53.64	22.84	55.855	3.33%	-1.11%	19.37%

평균 거래주수	2026 연초 이후 수익률	1년 수익률	3년 수익률
148.45K	3.49%	32.04%	249.39%

IT 섹터S&P Technology Select Sector Index를 2배로 추종하는 레버리지 ETF로, TECL3배보다 변동성이 낮아 기술주의 장기 성장을 긍정적으로 보는 투자자들이 기초 자산 지수 상승에 베팅하는 목적으로 용도로 활용합니다. IT 섹터가 횡보하거나 조정을 받는 구간에서는 변동성 끌림 및 음의 복리 효과가 누적되어 원 지수 대비 저조한 성과를 보이므로, 기술주 강세 국면에 한정해 활용하는 것을 권장합니다.

20 지수 UYG ProShares Ultra Financials ETF

발행사	프로셰어즈	설정일	2007-01-30	운용보수	0.94%
분류	지수 및 바스켓	운용자산	(백만 달러) 755	(억 원) 10,944	

주가(달러)			수익률		
ETF 종가	52주 저가	52주 고가	5일 수익률	1개월 수익률	6개월 수익률
86.84	55.4	105.74	-0.16%	-8.28%	-12.16%

평균 거래주수	2026 연초 이후 수익률	1년 수익률	3년 수익률
62.05K	-5.19%	-7.74%	88.69%

금융 섹터S&P Financial Select Sector Index를 2배로 추종하는 레버리지 ETF입니다. 금리 상승이나 경제 정상화 기대감이 높아지는 시기에 활용하는 투자자들이 많으나, 저금리 또는 장기 침체 환경에서는 부진한 성과를 보이며, 변동성 끌림이 누적되어 장기 보유 시 원 지수 대비 열위한 결과로 이어질 수 있습니다. 금리 상승 사이클 국면에 한정해 활용하는 것이 적합합니다.

UDOW ProShares UltraPro Dow30 ETF

발행사	프로셰어즈	설정일	2010-02-09	운용보수	0.95%
분류	지수 및 바스켓	운용자산	(백만 달러) 747	(억 원) 10,830	

주가 (달러)			수익률		
ETF 종가	52주 저가	52주 고가	5일 수익률	1개월 수익률	6개월 수익률
78.49	49.34	80.03	2.59%	3.28%	25.84%

평균 거래주수	2026 연초 이후 수익률	1년 수익률	3년 수익률
3.82M	4.88%	17.04%	114.61%

다우존스 산업평균 지수Dow Jones Industrial Average의 일일 수익률을 3배로 추종하는 레버리지 ETF입니다. 다우 지수는 30개 대형 우량주로 구성되어 시장 전체의 안정적인 흐름을 반영하는 편이며, 경기 회복 초기나 산업주·가치주가 주도하는 상승 국면에서 활용됩니다. 최근 몇 년간 기술주 중심이 이어지며 상대적으로 덜 주목받았지만, 금리 하락이나 경기 정상화 기대감이 강해지는 시기에 강한 반등을 보이는 특징이 있습니다.

3배 레버리지 특성상 시장이 횡보하거나 10~20%대 조정이 반복되는 구간에서는 변동성 끌림 및 음의 복리 효과가 급속히 누적되어 원 지수 대비 훨씬 낮은 성과를 보이는 경우도 많습니다. 하락장에서는 자산 가치가 빠르게 줄어들 수 있습니다. 명확한 경기 회복 신호나 산업주 강세가 확인된 이후 단기·중기 집중 운용하는 것이 가장 적합한 전략입니다.

LABU Direxion Daily S&P Biotech Bull 3X

발행사	디렉시온	설정일	2015-05-28	운용보수	0.93%
분류	지수 및 바스켓	운용자산	(백만 달러) 644	(억 원) 9,343	

주가(달러)			수익률		
ETF 종가	52주 저가	52주 고가	5일 수익률	1개월 수익률	6개월 수익률
149.26	32.1	185	3.29%	4.47%	173.46%

평균 거래주수	2026 연초 이후 수익률	1년 수익률	3년 수익률
1.62M	23.95%	87.95%	10.03%

생명공학기술 지수S&P Biotechnology Select Industry Index의 일일 수익률을 3배로 추종하는 레버리지 ETF입니다. 바이오테크·제약 섹터의 대표적인 고변동성 레버리지 상품으로, 신약 개발 성공·FDA 승인이나 M&A 호재 등 이벤트가 터질 때 폭발적인 상승을 보입니다. 바이오 섹터가 전체 시장 대비 저평가 구간에 있을 때나 임상 데이터 발표 시즌에 집중 매수하며 단기 스윙 트레이딩에 주로 활용됩니다.

다만 바이오 섹터는 임상 실패, 규제 리스크, 자금 조달 어려움으로 인해 50~80%의 급락이 빈번하게 나타나며, 3배 레버리지 특성상 한 번의 큰 조정만으로도 자산이 빠르게 하락할 가능성이 있습니다. 횡보장에서도 변동성 끌림 및 음의 복리 효과가 매우 강하게 작용합니다. 바이오 호재나 섹터 모멘텀이 뚜렷하게 확인될 때에만 단기 활용 용도로 접근하는 것이 적절해 보입니다.

23 지수   **NAIL** Direxion Daily Homebuilders Bull 3X

| 발행사 | 디렉시온 | 설정일 | 2015-08-19 | 운용보수 | 0.95% |
| 분류 | 지수 및 바스켓 | 운용자산 | (백만 달러) 595 | (억 원) 8,634 | |

주가(달러)			수익률		
ETF 종가	52주 저가	52주 고가	5일 수익률	1개월 수익률	6개월 수익률
114.66	45.4	149.11	14.16%	17.54%	-3.35%
평균 거래주수			2026 연초 이후 수익률	1년 수익률	3년 수익률
191.04K			-4.43%	-36.03%	53.32%

주택 건설 지수Dow Jones U.S. Select Home Construction Index를 3배로 추종하는 레버리지 ETF입니다. 주택 건설 및 주택 관련 공급업체 중심으로 구성되어 있으며, 부동산 시장 회복, 주택 수요 증가·금리 인하 기대감이 강해지는 시기에 강력한 상승을 보입니다. 주택 착공 지표 개선이나 모기지 금리 하락 신호가 나타날 때 활용합니다. 그러나 주택 사이클은 금리와 인플레이션 등 경제 상황에 매우 민감하기 때문에 경기 둔화나 금리 반등 시 섹터가 급락하는 경우가 많습니다. 부동산 및 주택 시장 강세 초입 단계에 한정해 접근하는 것을 권장합니다.

24 지수   **DDM** ProShares Ultra Dow30 ETF

| 발행사 | 프로셰어즈 | 설정일 | 2006-06-19 | 운용보수 | 0.95% |
| 분류 | 지수 및 바스켓 | 운용자산 | (백만 달러) 553 | (억 원) 8,020 | |

주가(달러)			수익률		
ETF 종가	52주 저가	52주 고가	5일 수익률	1개월 수익률	6개월 수익률
87.25	62.43	88.29	1.76%	2.41%	18.14%
평균 거래주수			2026 연초 이후 수익률	1년 수익률	3년 수익률
536.00K			3.48%	15.76%	83.69%

다우존스 산업평균 지수Dow Jones Industrial Average를 2배로 추종하는 레버리지 ETF입니다. UDOW3배보다 변동성이 낮아 다우 지수의 장기 성장에 긍정적인 투자자들이 안정형 레버리지 수단으로 선택하는 경우가 많습니다. 산업주와 가치주 중심의 시장에서 상대적으로 안정적인 움직임을 보이는 것도 특징입니다. 다만 2배 레버리지임에도 시장이 횡보하거나 조정이 반복되는 구간에서는 변동성 끌림이 누적되어 원 지수 대비 성과가 떨어지며, 큰 하락 시에는 손실 폭이 2배 가까이 확대됩니다. 다우 강세 국면을 확인한 뒤 활용하는 것이 적합하겠습니다.

25 지수 FNGO MicroSectors FANG+ Index 2X

발행사	BMO 캐피탈 마켓	설정일	2018-08-01	운용보수	0.95%
분류	지수 및 바스켓	운용자산	(백만 달러) 550	(억 원) 7,973	

주가(달러)			수익률		
ETF 종가	52주 저가	52주 고가	5일 수익률	1개월 수익률	6개월 수익률
184.45	100	215.15	6.13%	-7.45%	0.19%
평균 거래주수			2026 연초 이후 수익률	1년 수익률	3년 수익률
55.43K			-0.19%	10.45%	501.61%

FANG+지수NYSE FANG+ Index를 2배로 추종하는 레버리지 ETN입니다. 메타 플랫폼스, 애플, 엔비디아, 구글, 아마존, 넷플릭스, 테슬라 등 10개 메가테크 종목으로 구성된 FANG+ 지수를 2배로 추종합니다. 3배 상품FNGU보다 덜 극단적이어서 빅테크 성장에 중기적으로 베팅하고 싶은 투자자들이 선호합니다. 그러나 메가테크 종목에 대한 집중도가 여전히 높아 개별 기업의 규제 이슈나 실적 부진에 취약하며, 2배 레버리지 변동성 끌림 및 음의 복리 효과로 인해 장기 횡보 또는 조정 구간에서 원 지수 대비 성과가 크게 뒤처질 수 있습니다. 빅테크 주도 랠리가 지속되는 국면에 한정해 접근하는 것이 좋겠습니다.

26 지수 **DPST** Direxion Daily Regional Banks Bull 3X

발행사	디렉시온	설정일	2015-08-19	운용보수	0.9%
분류	지수 및 바스켓	운용자산	(백만 달러) 525	(억 원) 7,617	

주가(달러)			수익률		
ETF 종가	52주 저가	52주 고가	5일 수익률	1개월 수익률	6개월 수익률
80.75	36.6	129.56	1.57%	3.85%	17.75%
평균 거래주수			2026 연초 이후 수익률	1년 수익률	3년 수익률
545.45K			4.09%	-8.55%	-49.65%

지역 은행 산업 지수S&P Regional Banks Select Industry Index를 3배로 추종하는 레버리지 ETF. 지역은행 섹터에 집중된 상품으로, 금리 상승, 대출 수요 증가, 경제 활성화 국면에서 강한 성과를 보입니다. 은행 섹터 밸류에이션이 저점에 근접하거나 금리차 확대 기대감이 높아지는 시기에 매수 전략으로 활용하는 투자자들이 많습니다. 주목할 점은 지역은행은 경기 민감도가 높고 금리 반전이나 대출 부실, 규제 강화 리스크로 인해 급락 사례가 빈번하다는 것입니다. 금리 상승이나 은행 섹터 회복 초기 국면에 한정해 접근하는 것이 적합합니다.

 PSQ ProShares Short QQQ ETF

| 발행사 | 프로셰어즈 | 설정일 | 2006-06-19 | 운용보수 | 0.95% |
| 분류 | 지수 및 바스켓 | 운용자산 | (백만 달러) 515 | (억 원) 7,461 | |

주가(달러)			수익률		
ETF 종가	52주 저가	52주 고가	5일 수익률	1개월 수익률	6개월 수익률
29.5	29.34	46.98	-1.39%	0.13%	-9.71%
평균 거래주수		2026 연초 이후 수익률	1년 수익률	3년 수익률	
10.64M		-1.46%	-17.84%	-47.53%	

나스닥 100 지수를 -1배로 추종하는 인버스 ETF입니다. 기술주와 성장주 약세에 대비하는 가장 기본적인 헤지 수단으로, 포트폴리오 보호 목적으로 가장 많이 활용되며 상대적으로 변동성이 낮은 편입니다. 주식시장이 장기적으로 우상향하는 구조상 지속 보유 시 자산 가치 하락이 뚜렷하게 나타납니다. 기술주 과열 또는 단기 조정 국면에 한정해 헤지 용도로만 활용해야 합니다.

 DFEN Direxion Daily Aerospace & Defense Bull 3X Shares ETF

| 발행사 | 디렉시온 | 설정일 | 2017-05-03 | 운용보수 | 0.95% |
| 분류 | 지수 및 바스켓 | 운용자산 | (백만 달러) 499 | (억 원) 7,231 | |

주가(달러)			수익률		
ETF 종가	52주 저가	52주 고가	5일 수익률	1개월 수익률	6개월 수익률
84.29	17.6366	93.5	-8.60%	20.11%	35.43%

평균 거래주수	2026 연초 이후 수익률	1년 수익률	3년 수익률
242.07K	26.21%	137.54%	395.29%

항공우주 및 방산 지수Dow Jones U.S. Select Aerospace & Defense Index를 3배로 추종하는 레버리지 ETF입니다. 방산 및 항공우주 섹터 전용 레버리지 상품으로, 지정학적 긴장이 고조되고, 국방 예산이 확대되거나, 군수 관련 호재가 나타날 때 폭발적인 상승을 보입니다. 지정학 관련 뉴스나 방산 정책 발표 시 단기 매수 전략으로 활용하는 투자자들이 많습니다. 다만 지정학 상황, 정부 예산, 방산 계약 이슈에 매우 민감하게 반응하며, 평화 국면에서는 투자자들의 관심이 떨어지는 경향이 있습니다. 지정학 리스크가 확대되는 시기에 한정해 접근하는 것이 바람직합니다.

29 지수　SPYU MAX S&P 500 4X Leveraged ETN

발행사	몬트리올 은행	설정일	2023-12-04	운용보수	0%
분류	지수 및 바스켓	운용자산	(백만 달러) 448　(억 원) 6,498		

주가(달러)			수익률		
ETF 종가	52주 저가	52주 고가	5일 수익률	1개월 수익률	6개월 수익률
57.98	18.15	60.4185	4.03%	-1.16%	19.40%

평균 거래주수	2026 연초 이후 수익률	1년 수익률	3년 수익률
658.08K	4.14%	8.47%	-

S&P 500 지수의 일일 수익률을 4배로 추종하는 레버리지 ETN입니다. 현재 시중에서 가장 높은 레버리지 비율을 제공하는 상품 중 하나로, 극단적인 고수익을 추구하는 공격적 투자

 유튜버들은 절대 알려주지 않는 **레버리지 ETF의 34가지 비밀**

자들이 단기 베팅 수단으로 활용합니다.

4배 레버리지로 인해 변동성 끌림이 매우 강력하게 작용하며, 작은 조정만으로도 자산이 80~90% 이상 증발할 수 있습니다. 횡보장에서는 자산 가치가 매우 빠르게 소멸하는 구조입니다. 극단적인 상승 모멘텀이 확인되는 순간에만 초단기 활용하는 극한 전략용 상품임을 반드시 인지하고 접근해야겠습니다.

30 지수 **SPXU** ProShares UltraPro Short S&P500 ETF

발행사	프로셰어즈	설정일	2009-06-23	운용보수	0.9%
분류	지수 및 바스켓	운용자산	(백만 달러) 415	(억 원) 6,021	

주가(달러)			수익률		
ETF 종가	52주 저가	52주 고가	5일 수익률	1개월 수익률	6개월 수익률
47.09	46.8907	153	-2.99%	-0.50%	-23.11%

평균 거래주수	2026 연초 이후 수익률	1년 수익률	3년 수익률
7.12M	-4.18%	-41.30%	-79.74%

S&P 500 지수를 -3배로 추종하는 인버스 레버리지 ETF입니다. 시장 전체 하락이나 베어마켓 초입 국면에서 헤지 및 단기 수익을 노리는 대표적인 인버스 상품입니다. 주식시장의 장기 우상향 특성상 상승장이 지속될수록 자산 가치가 하락하는 구조이므로, 단기 시장 급락 베팅 또는 포트폴리오 헤지 용도로만 엄격하게 한정해 활용해야 합니다.

 URTY ProShares UltraPro Russell2000 ETF

발행사	프로셰어즈	설정일	2009-06-23	운용보수	0.95%
분류	지수 및 바스켓	운용자산	(백만 달러) 406	(억 원) 5,883	

주가(달러)			수익률		
ETF 종가	52주 저가	52주 고가	5일 수익률	1개월 수익률	6개월 수익률
65.23	21.15	70.605	-4.40%	14.22%	48.27%

평균 거래주수	2026 연초 이후 수익률	1년 수익률	3년 수익률
1.45M	21.76%	20.24%	42.64%

러셀 2000 지수를 3배로 추종하는 레버리지 ETF로, 소형주 강세 사이클이 시작되거나 위험 선호 심리가 확대되는 국면에서 폭발적인 수익을 기대할 수 있는 상품입니다. 그러나 소형주 특유의 높은 변동성에 3배 변동성 끌림까지 복합적으로 작용해 장기 보유 시 대부분 큰 손실을 기록합니다. 소형주 강세 사이클 초입 국면에 한정해 접근하는 것이 바람직합니다.

 KORU Direxion Daily South Korea Bull 3X Shares ETF

발행사	디렉시온	설정일	2013-04-10	운용보수	1.32%
분류	지수 및 바스켓	운용자산	(백만 달러) 404	(억 원) 5,854	

주가(달러)			수익률		
ETF 종가	52주 저가	52주 고가	5일 수익률	1개월 수익률	6개월 수익률
352.49	27.16	353.41	4.54%	78.24%	269.17%

평균 거래주수	2026 연초 이후 수익률	1년 수익률	3년 수익률
131.90K	71.24%	595.73%	197.15%

코스피 200 지수를 3배로 추종하는 레버리지 ETF로, 국내 증시 상승에 베팅하는 수단으로 활용됩니다. 국내 증시 특유의 변동성에 3배 변동성 끌림까지 복합적으로 작용해 장기 보유 시 손실 위험이 크므로, 한국 증시 강세 국면에 한정해 접근하는 것이 좋겠습니다.

33 지수 **SDS** ProShares UltraShort S&P500 ETF

발행사	디렉시온	설정일	2006-07-11	운용보수	0.91%
분류	지수 및 바스켓	운용자산	(백만 달러) 331	(억 원) 4,793	

주가(달러)			수익률		
ETF 종가	52주 저가	52주 고가	5일 수익률	1개월 수익률	6개월 수익률
66.13	65.9	141.55	-2.00%	-0.15%	-15.62%

평균 거래주수	2026 연초 이후 수익률	1년 수익률	3년 수익률
4.12M	-2.67%	-27.39%	-61.53%

S&P 500 지수를 -2배로 추종하는 인버스 레버리지 ETF로, 중기 헤지 수단으로 활용되는 상품입니다. 상승장이 지속될수록 손실이 빠르게 누적되는 구조이므로, 단기·중기 시장 하락 헤지 용도로만 활용해야 합니다.

UWM ProShares Ultra Russell2000 ETF

발행사	프로셰어즈	설정일	2007-01-23	운용보수	0.95%
분류	지수 및 바스켓	운용자산	(백만 달러) 314	(억 원) 4,554	

주가(달러)			수익률		
ETF 종가	52주 저가	52주 고가	5일 수익률	1개월 수익률	6개월 수익률
54.04	24.4735	56.965	-2.94%	9.49%	32.81%

평균 거래주수	2026 연초 이후 수익률	1년 수익률	3년 수익률
505.66K	14.31%	20.49%	52.67%

러셀 2000 지수를 2배로 추종하는 레버리지 ETF로, 소형주에 중기적으로 베팅하는 수단으로 활용됩니다. 2배 변동성 끌림와 소형주 특유의 높은 변동성이 복합적으로 작용해 장기 보유 시 손실 위험이 커집니다. 소형주 상승 국면에 한정해 접근하는 것이 적합하겠습니다.

SPXS Direxion Daily S&P 500® Bear 3X Shares ETF

발행사	디렉시온	설정일	2008-11-05	운용보수	1.02%
분류	지수 및 바스켓	운용자산	(백만 달러) 308	(억 원) 4,465	

주가(달러)			수익률		
ETF 종가	52주 저가	52주 고가	5일 수익률	1개월 수익률	6개월 수익률
33.61	33.475	106.699	-2.97%	-0.38%	-21.43%

평균 거래주수	2026 연초 이후 수익률	1년 수익률	3년 수익률
7.50M	-4.09%	-39.79%	-79.44%

S&P 500 지수를 -3배로 추종하는 인버스 레버리지 ETF로, 단기 하락 베팅의 대표적인 수단으로 활용됩니다. 그러나 상승장이 지속될 경우 자산 가치가 빠르게 하락할 가능성이 있으므로, 시장 급락이 예상되는 초단기 베팅 용도로만 엄격하게 한정해 활용해야 합니다.

36 지수 TZA Direxion Daily Small Cap Bear 3X Shares ETF

발행사	디렉시온	설정일	2008-11-05	운용보수	0.99%
분류	지수 및 바스켓	운용자산	(백만 달러) 291	(억 원) 4,216	

주가(달러)			수익률		
ETF 종가	52주 저가	52주 고가	5일 수익률	1개월 수익률	6개월 수익률
6.05	5.59	25.7	4.27%	-13.48%	-42.13%

평균 거래주수	2026 연초 이후 수익률	1년 수익률	3년 수익률
83.49M	-18.77%	-47.95%	-83.49%

러셀 2000 지수를 -3배로 추종하는 인버스 레버리지 ETF로, 소형주 하락에 대비하는 헤지 수단으로 활용됩니다. 그러나 소형주 강세 국면에서는 변동성 끌림 효과가 극대화되어 자산 가치가 빠르게 하락하므로, 소형주 급락이 예상되는 시기에 한정해 단기 베팅 용도로만 활용해야겠습니다.

 CWEB Direxion Daily CSI China Internet Bull 2X Shares ETF

발행사	디렉시온	설정일	2016-11-02	운용보수	1.25%
분류	지수 및 바스켓	운용자산	(백만 달러) 274	(억 원) 3,969	

주가(달러)			수익률		
ETF 종가	52주 저가	52주 고가	5일 수익률	1개월 수익률	6개월 수익률
43.95	26.93	61.24	0.97%	1.44%	-0.57%
평균 거래주수		2026 연초 이후 수익률	1년 수익률	3년 수익률	
318.49K		8.95%	26.74%	-32.84%	

중국 인터넷 지수CSI China Overseas Internet Index를 2배로 추종하는 레버리지 ETF입니다. 중국 테크·인터넷 섹터의 회복 기대감이 높아지는 시기에 활용되는 상품입니다. 그러나 중국 특유의 규제·지정학 리스크에 2배 변동성 끌림까지 복합적으로 작용해서 장기 보유 시 손실 위험이 큽니다. 중국 정부의 정책 호재가 확인되는 시기에 한정해 단기 활용 용도로 접근하는 것이 좋겠습니다.

 ERX Direxion Daily Energy Bull 2X Shares ETF

발행사	디렉시온	설정일	2008-11-06	운용보수	0.9%
분류	지수 및 바스켓	운용자산	(백만 달러) 253	(억 원) 3,662	

주가(달러)			수익률		
ETF 종가	52주 저가	52주 고가	5일 수익률	1개월 수익률	6개월 수익률
68.32	40.6	68.92	1.88%	22.84%	24.53%

평균 거래주수	2026 연초 이후 수익률	1년 수익률	3년 수익률
287.62K	20.27%	6.84%	-2.29%

에너지 섹터S&P Energy Select Sector Index를 2배로 추종하는 레버리지 ETF로, 유가 상승이나 에너지 수요가 증가하는 시기에 활용되는 상품입니다. 그러나 유가가 횡보하거나 하락하는 구간에서는 변동성 끌림이 누적되어 손실이 가속되므로, 에너지 강세 국면에 한정해 활용하는 것을 권장합니다.

39 지수 SPUU Direxion Daily S&P 500® Bull 2X Shares ETF

발행사	디렉시온	설정일	2014-05-28	운용보수	0.6%
분류	지수 및 바스켓	운용자산	(백만 달러) 241	(억 원) 3,490	

주가(달러)			수익률		
ETF 종가	52주 저가	52주 고가	5일 수익률	1개월 수익률	6개월 수익률
190.89	97.4366	191.64	2.03%	0.22%	14.45%

평균 거래주수	2026 연초 이후 수익률	1년 수익률	3년 수익률
27.78K	2.89%	19.56%	148.08%

S&P 500 지수를 2배로 추종하는 레버리지 ETF로, 비교적 안정적인 레버리지 수단으로 단기·중기 배분 용도로 활용되는 상품입니다. 장기 보유 시 변동성 끌림 및 음의 복리 효과가 뚜렷하게 나타나 원 지수 대비 성과가 저하되므로, 시장 상승 흐름을 확인한 뒤 투자하는 것이 적절하겠네요.

GUSH Direxion Daily S&P Oil & Gas Exp. & Prod. Bull 2X Shares ETF

발행사	디렉시온	설정일	2015-05-28	운용보수	0.93%
분류	지수 및 바스켓	운용자산	(백만 달러) 239	(억 원) 3,471	

주가(달러)			수익률		
ETF 종가	52주 저가	52주 고가	5일 수익률	1개월 수익률	6개월 수익률
24.96	14.7	31.309	0.28%	15.16%	6.13%

평균 거래주수	2026 연초 이후 수익률	1년 수익률	3년 수익률
1.06M	13.06%	-20.79%	-34.98%

원유와 가스의 탐사 및 생산 업종S&P Oil & Gas Exploration & Production Select Industry을 2배로 추종하는 레버리지 ETF입니다. 에너지 섹터 내에서도 변동성이 높은 탐사·생산 부문에 집중된 상품입니다. 유가 변동성에 섹터 고유의 리스크와 변동성 끌림 효과까지 복합적으로 작용해 장기 보유 시 손실 위험이 큽니다. 유가 급등이 예상되는 시기에 한정해 접근하는 것이 적합합니다.

QID ProShares UltraShort QQQ ETF

발행사	프로셰어즈	설정일	2006-07-11	운용보수	0.95%
분류	지수 및 바스켓	운용자산	(백만 달러) 216	(억 원) 3,127	

주가(달러)			수익률		
ETF 종가	52주 저가	52주 고가	5일 수익률	1개월 수익률	6개월 수익률
19.2	19.12	50.45	-2.88%	-0.10%	-19.30%

평균 거래주수	2026 연초 이후 수익률	1년 수익률	3년 수익률
26.70M	-3.32%	-35.97%	-78.41%

나스닥 100 지수를 −2배로 추종하는 인버스 레버리지 ETF입니다. 기술주, 성장주 중심의 나스닥이 과열 상태이거나 중기 조정 또는 약세 국면에 진입했을 때 헤지나 단기 반대 매매 목적으로 가장 많이 활용됩니다. SQQQ-3배보다 변동성이 덜 극단적이어서 포트폴리오 헤지 수단으로 선호되기도 합니다. 나스닥 기술주 버블 우려, 금리 인상 지속, 실적 시즌 부진 신호 등이 나타날 때 단기 진입 후 빠르게 청산하는 식으로 활용됩니다.

그러나 주식시장의 장기 우상향 특성과 기술주의 구조적 성장으로 인해 상승장이 조금만 지속되어도 변동성 끌림으로 자산 가치가 급속히 감소하며, 2배 인버스라도 장기 보유 시 큰 손실을 초래합니다. 기술주 과열 또는 중기 조정 국면에서 단기 헤지와 반대 매매 용도로만 한정해서 활용해야 합니다.

42 지수 **SPDN** Direxion Daily S&P 500 Bear 1X Shares ETF

발행사	디렉시온	설정일	2016-06-08	운용보수	0.47%
분류	지수 및 바스켓	운용자산	(백만 달러) 206 (억 원) 3,127		

주가(달러)			수익률		
ETF 종가	52주 저가	52주 고가	5일 수익률	1개월 수익률	6개월 수익률
9.28	9.26	13.355	-0.96%	0.21%	-7.16%

평균 거래주수	2026 연초 이후 수익률	1년 수익률	3년 수익률
28.27M	-1.06%	-12.48%	-31.31%

S&P 500 지수를 -1배로 추종하는 인버스 ETF입니다. 시장 전체 하락에 대비하는 가장 기본적이고 변동성이 낮은 인버스 상품으로, 레버리지 없이 순수하게 시장 반대 방향으로 움직입니다. 포트폴리오의 시장 민감도베타를 낮추거나 단기 시장 급락이 예상될 때 소량 보유하여 포트폴리오의 보호 수단으로 활용하는 투자자들이 많습니다. 단기 시장 급락이 예상되거나 포트폴리오 보호가 필요한 시기에만 한정해 활용하는 것이 바람직합니다.

43 지수 CURE Direxion Daily Healthcare Bull 3X Shares ETF

발행사	디렉시온	설정일	2011-06-15	운용보수	0.93%
분류	지수 및 바스켓	운용자산	(백만 달러) 186　(억 원) 2,695		

주가(달러)			수익률		
ETF 종가	52주 저가	52주 고가	5일 수익률	1개월 수익률	6개월 수익률
111.76	66	123.8	-0.30%	2.88%	46.04%

평균 거래주수	2026 연초 이후 수익률	1년 수익률	3년 수익률
77.08K	5.42%	11.85%	13.49%

헬스케어 섹터S&P Health Care Select Sector를 3배로 추종하는 레버리지 ETF입니다. S&P 헬스케어 섹터 선택 지수S&P Health Care Select Sector Index를 3배로 추종하며, 고령화 사회와 신약 개발 붐, 의료 수요 증가 기대감이 강해지는 시기에 강력한 상승을 보입니다. 헬스케어 섹터가 시장 대비 저평가 구간에 있거나 신약 파이프라인 호재가 나타날 때 단기·중기 매수 전략으로 활용하는 투자자들이 많습니다.

다만 헬스케어 섹터는 규제 변화, 임상 실패, 보험사 압력 등으로 인해 30~50%의 조정이 빈번하게 나타난다는 점을 인지해야 합니다. 3배 레버리지 특성상 섹터 횡보나 하락 시 음의 복리 효과가 급속히 누적되어 원 지수 대비 열위한 성과를 보이는 경우가 있습니다. 헬스케

유튜버들은 절대 알려주지 않는 **레버리지 ETF의 34가지 비밀**

어 강세 모멘텀이나 호재가 집중되는 시기에 한정해 접근해야겠습니다.

44 지수 **SDOW** ProShares UltraPro Short Dow30 ETF

발행사	프로셰어즈	설정일	2010-02-09	운용보수	0.95%
분류	지수 및 바스켓	운용자산	(백만 달러) 177	(억 원) 2,568	

주가(달러)			수익률		
ETF 종가	52주 저가	52주 고가	5일 수익률	1개월 수익률	6개월 수익률
30.21	29.05	75.95	30.21	29.05	75.95

평균 거래주수	2026 연초 이후 수익률	1년 수익률	3년 수익률
4.46M	-7.73%	-34.05%	-65.49%

다우존스 산업평균 지수Dow Jones Industrial Average를 -3배로 추종하는 인버스 레버리지 ETF입니다. 다우 지수가 약세를 보이거나 시장 전체 조정, 베어마켓 초입 국면에서 단기 헤지 및 수익을 노리는 수단으로 활용되는 상품입니다. 인버스 상품의 경우, 다우 지수의 장기 우상향 구조상 상승장이 조금만 지속되어도 순자산의 가치 하락이 빠르게 나타나는 경우가 많습니다. 단기 시장 급락 베팅 또는 포트폴리오 헤지 용도로만 엄격하게 한정해 활용해야 합니다.

 EDC Direxion Daily MSCI Emerging Markets Bull 3X Shares ETF

발행사	디렉시온	설정일	2008-12-17	운용보수	1.08%
분류	지수 및 바스켓	운용자산	(백만 달러) 158 (억 원) 2,291		

주가(달러)			수익률		
ETF 종가	52주 저가	52주 고가	5일 수익률	1개월 수익률	6개월 수익률
72.14	20.13	72.2494	4.70%	24.24%	62.32%

평균 거래주수	2026 연초 이후 수익률	1년 수익률	3년 수익률
114.19K	24.93%	121.59%	82.96%

MSCI 신흥국 지수MSCI Emerging Markets Index를 3배로 추종하는 레버리지 ETF입니다. 중국·인도·브라질·한국 등 신흥 시장 전체의 상승을 3배로 추종하며, 신흥국 경제 성장, 위험 선호 심리 확대, 달러 약세 국면에서 강한 성과를 보입니다. 그러나 신흥 시장은 환율 변동, 정치·지정학 리스크가 매우 높으며, 3배 레버리지로 인해 50~80%의 급락 사례가 빈번하고 변동성 끌림 효과도 매우 강하게 작용하다는 점을 반드시 인식해야 합니다. 신흥 시장 강세 사이클 초입 국면에 한정해 접근하는 지혜가 필요합니다.

 TSLL Direxion Daily TSLA Bull 2X Shares ETF

| 발행사 | 디렉시온 | 설정일 | 2022-08-08 | 운용보수 | 0.95% |
| 분류 | 개별 주식 | 운용자산 | (백만 달러) 6,270 (억 원) 90,910 | | |

주가(달러)			수익률		
ETF 종가	52주 저가	52주 고가	5일 수익률	1개월 수익률	6개월 수익률
17.22	6.29	28.72	1.44%	-17.81%	55.99%

평균 거래주수	2026 연초 이후 수익률	1년 수익률	3년 수익률
95.34M	-8.01%	-35.11%	122.67%

테슬라(TSLA) 주식을 2배로 추종하는 단일 종목 레버리지 ETF입니다. 전기차, 자율주행, 로보택시, 에너지 사업 등 테슬라 관련 뉴스 및 실적, 모멘텀이 강해지는 시기에 폭발적인 상승을 보입니다.

테슬라는 개별 기업 특성상 변동성이 매우 높아 한 달에 30~50%의 등락이 나타나기도 하며, 2배 레버리지로 인해 횡보나 조정 시 변동성 끌림이 빠르게 누적되어 장기 보유 시 큰 손실을 기록할 가능성이 높습니다. 테슬라 강세 모멘텀이나 호재가 집중되는 시기에 한정해 접근하는 것을 권장합니다.

 NVDL GraniteShares 2x Long NVDA Daily ETF

| 발행사 | 그래닛셰어즈 | 설정일 | 2022-12-12 | 운용보수 | 1.05% |
| 분류 | 개별 주식 | 운용자산 | (백만 달러) 4,370 (억 원) 63,368 | | |

주가(달러)			수익률		
ETF 종가	52주 저가	52주 고가	5일 수익률	1개월 수익률	6개월 수익률
88.88	23.1231	118.5	3.17%	-5.60%	3.61%
평균 거래주수		2026 연초 이후 수익률	1년 수익률		3년 수익률
11.75M		-1.28%	18.83%		1889.44%

엔비디아(NVDA) 주식을 2배로 추종하는 단일 종목 레버리지 ETF입니다. AI 칩, 데이터센터, GPU 수요가 폭증하며 엔비디아가 시장을 주도하는 환경에서 가장 강력한 개별주 레버리지 상품 중 하나로 꼽힙니다. 다만, 엔비디아 주가는 경쟁사 등장이나 수급 변화, 밸류에이션 조정으로 인해 40~60%의 급락 사례가 있으며, 2배 레버리지 변동성 끌림으로 인해 장기 횡보나 조정 시 원주 대비 낮은 수익을 기록할 가능성이 있습니다. AI 붐이 지속되거나 엔비디아의 실적 호조가 확인되는 시기에 한정해 활용하는 것이 최적입니다.

48 개별 주식 **GGLL** Direxion Daily GOOGL Bull 2X Shares ETF

| 발행사 | 디렉시온 | 설정일 | 2022-09-06 | 운용보수 | 0.99% |
| 분류 | 개별 주식 | 운용자산 | (백만 달러) 1,089 (억 원) 15,792 | | |

주가(달러)			수익률		
ETF 종가	52주 저가	52주 고가	5일 수익률	1개월 수익률	6개월 수익률
109.71	23.6	114.17	2.80%	11.74%	163.29%

평균 거래주수	2026 연초 이후 수익률	1년 수익률	3년 수익률
2.07M	12.29%	115.13%	486.20%

알파벳(GOOGL) 주식을 2배로 추종하는 단일 종목 레버리지 ETF입니다. 검색, 광고, 클라우드, AI 사업 성장에 베팅하는 상품이지만 규제 리스크, 광고 시장 둔화, 경쟁 심화 등의 위험 요인이 있습니다. 2배 변동성 끌림으로 인해 장기 보유 시 원주 대비 성과가 뚜렷하게 저하되므로, 빅테크 AI와 클라우드 강세 국면에 한정해 접근하는 것이 적합합니다.

49 개별 주식 MUU Direxion Daily MU Bull 2X Shares ETF

발행사	디렉시온	설정일	2024-10-09	운용보수	1.06%
분류	개별 주식	운용자산	(백만 달러) 1,073 (억 원) 15,564		

주가(달러)			수익률		
ETF 종가	52주 저가	52주 고가	5일 수익률	1개월 수익률	6개월 수익률
199.24	6.7727	205.08	-0.19%	79.27%	822.60%

평균 거래주수	2026 연초 이후 수익률	1년 수익률	3년 수익률
1.43M	78.68%	705.73%	-

마이크론 테크놀로지(MU) 주식을 2배로 추종하는 단일 종목 레버리지 ETF입니다. 메모리 반도체HBM, DRAM, NAND 수요가 증가하는 시기, 특히 AI 서버용 수요가 폭증하는 환경에서 강한 상승을 보입니다. 그러나 반도체 사이클 특유의 높은 변동성에 2배 변동성 끌림까지 복합적으로 작용해 장기 보유 시 손실 위험이 큽니다. 반도체 메모리 붐이 확인되는 시기에 한정해 접근하는 것이 바람직해 보입니다.

50 개별 주식 **AMDL** GraniteShares 2x Long AMD Daily ETF

발행사	그래닛셰어즈	설정일	2024-03-15	운용보수	1.07%
분류	개별 주식	운용자산	(백만 달러) 853	(억 원) 12,368	

주가(달러)			수익률		
ETF 종가	52주 저가	52주 고가	5일 수익률	1개월 수익률	6개월 수익률
21.05	2.7701	25.86	0.87%	33.50%	82.07%
평균 거래주수			2026 연초 이후 수익률	1년 수익률	3년 수익률
11.56M			34.53%	168.21%	-

AMD 주식을 2배로 추종하는 단일 종목 레버리지 ETF입니다. CPU, GPU, AI 칩 경쟁에서 AMD가 엔비디아를 추격하며 모멘텀이 강해지는 시기에 단기와 중기적으로 폭발적 수익을 기대할 수 있는 상품입니다. 다만 경쟁 심화, 시장 점유율 변화 리스크에 2배 변동성 끌림까지 복합적으로 작용해 장기 보유 시 손실 위험이 큽니다. AMD의 실적 호조나 AI 수주 호재가 확인되는 시기에 한정해 단기 활용 용도로 접근하는 것이 적합하겠네요.

51 개별 주식 **METU** Direxion Daily META Bull 2X ETF

발행사	디렉시온	설정일	2024-06-05	운용보수	1.07%
분류	개별 주식	운용자산	(백만 달러) 715	(억 원) 10,363	

주가(달러)			수익률		
ETF 종가	52주 저가	52주 고가	5일 수익률	1개월 수익률	6개월 수익률
32.93	20.11	52.119	19.61%	1.17%	-21.68%

평균 거래주수	2026 연초 이후 수익률	1년 수익률	3년 수익률
4.97M	2.40%	-18.07%	-

메타 플랫폼스(META) 주식을 2배로 추종하는 단일 종목 레버리지 ETF입니다. 소셜미디어, 메타버스, AI 광고, 릴스 등 다양한 성장 테마에 베팅하는 상품입니다. 다만 플랫폼 규제 리스크와 광고 시장 둔화에 2배 변동성 끌림까지 복합적으로 작용해 장기 보유 시 손실 위험이 큽니다. 메타 플랫폼스의 실적 호조나 AI 투자 관련 호재가 확인되는 시기에 한정해 접근하는 것이 필요합니다.

52 개별 주식 **NVDU** Direxion Daily Nvda Bull 2X Shares ETF

발행사	디렉시온	설정일	2023-09-12	운용보수	0.97%
분류	개별 주식	운용자산	(백만 달러) 622 (억 원) 9,020		

주가(달러)			수익률		
ETF 종가	52주 저가	52주 고가	5일 수익률	1개월 수익률	6개월 수익률
118.88	32.625	165.775	3.17%	-5.63%	-1.48%

평균 거래주수	2026 연초 이후 수익률	1년 수익률	3년 수익률
634.32K	-1.31%	12.50%	-

엔비디아(NVDA) 주식을 2배로 추종하는 단일 종목 레버리지 ETF로, NVDL과 유사한 성격의 상품이지만 발행사가 다릅니다. NVDL과 동일하게 개별 종목 집중 리스크와 2배 변동성 끌림이 복합적으로 작용해 장기 보유 시 손실 위험이 큽니다. 엔비디아의 AI 모멘텀이 강해지는 시기에 한정해 활용하는 게 적절해 보입니다.

 PTIR GraniteShares 2x Long PLTR Daily ETF

| 발행사 | 그래닛셰어즈 | 설정일 | 2024-09-04 | 운용보수 | 1.04% |
| 분류 | 개별 주식 | 운용자산 | (백만 달러) 572　(억 원) 8,288 | | |

주가(달러)			수익률		
ETF 종가	52주 저가	52주 고가	5일 수익률	1개월 수익률	6개월 수익률
22.86	5.26	40.78	2.28%	-26.47%	-9.95%
평균 거래주수		2026 연초 이후 수익률		1년 수익률	3년 수익률
3.55M		-12.61%		152.41%	-

팔란티어 테크놀로지스(PLTR) 주식을 2배로 추종하는 단일 종목 레버리지 ETF입니다. 빅데이터, AI 분석, 정부 및 기업 계약 테마에 베팅하는 상품입니다. 고변동성 테마주 특성에 변동성 끌림까지 복합적으로 작용해 장기 보유 시 손실 위험이 큽니다. 팔란티어 테크놀로지스의 신규 계약 수주나 실적 호재가 확인되는 시기에 한정해 초단기·단기 활용 용도로 접근하는 것이 적합합니다.

54 개별 주식 **CONL** GraniteShares 2x Long COIN Daily ETF

| 발행사 | 그래닛셰어즈 | 설정일 | 2022-08-08 | 운용보수 | 1.04% |
| 분류 | 개별 주식 | 운용자산 | (백만 달러) 546　(억 원) 7,914 | | |

주가(달러)			수익률		
ETF 종가	52주 저가	52주 고가	5일 수익률	1개월 수익률	6개월 수익률
12.36	9.21	72.34	-11.95%	-21.50%	-77.42%

평균 거래주수	2026 연초 이후 수익률	1년 수익률	3년 수익률
6.14M	-13.52%	-74.12%	57.98%

코인베이스 글로벌(COIN) 주식을 2배로 추종하는 단일 종목 레버리지 ETF입니다. 가상 자산 거래소 대장주인 코인베이스를 통해 가상 자산 시장 상승에 간접적으로 베팅하는 상품이나, 가상 자산 시장 특유의 극단적인 변동성에 규제 리스크와 변동성 끌림까지 복합적으로 작용해 장기 보유 시 손실 위험이 매우 큽니다. 가상 자산 랠리가 확인되는 시기에 한정해 단기 베팅 용도로만 활용해야 합니다.

55 개별 주식 NVDX T-Rex 2X Long NVIDIA Daily Target ETF

발행사	렉스 셰어즈	설정일	2024-09-04	운용보수	1.05%
분류	개별 주식	운용자산	(백만 달러) 543	(억 원) 7,866	

주가(달러)			수익률		
ETF 종가	52주 저가	52주 고가	5일 수익률	1개월 수익률	6개월 수익률
17.24	4.82	24.1	3.06%	-5.92%	-2.26%

평균 거래주수	2026 연초 이후 수익률	1년 수익률	3년 수익률
11.67M	-1.58%	9.42%	-

엔비디아(NVDA) 주식을 2배로 추종하는 단일 종목 레버리지 ETF로, AI와 GPU 모멘텀이 강해지는 시기에 단기·중기 베팅 수단으로 활용되는 상품입니다. 개별 종목 집중 리스크와 2배 변동성 끌림이 복합적으로 작용해 장기 보유 시 손실 위험이 큽니다. 엔비디아의 모멘텀이 뚜렷하게 확인되는 시기에 한정해 단기로 활용하는 것이 필요해 보입니다.

 PLTU Direxion Daily PLTR Bull 2X Shares ETF

발행사	디렉시온	설정일	2024-12-10	운용보수	0.97%
분류	개별 주식	운용자산	(백만 달러) 523	(억 원) 7,590	

주가(달러)			수익률		
ETF 종가	52주 저가	52주 고가	5일 수익률	1개월 수익률	6개월 수익률
62.76	16.61	128.03	2.25%	-22.76%	-21.68%
평균 거래주수			2026 연초 이후 수익률	1년 수익률	3년 수익률
1.52M			-12.75%	118.16%	-

팔란티어 테크놀로지스(PLTR) 주식을 2배로 추종하는 단일 종목 레버리지 ETF로, AI와 빅데이터 테마 모멘텀이 강해지는 시기에 단기 베팅 수단으로 활용됩니다. 테마주 특유의 고변동성에 변동성 끌림까지 복합적으로 작용해 장기 보유 시 손실 위험이 크므로, 호재가 집중되는 시기에 한정해 초단기 용도로만 접근해야겠습니다.

 BMNU T-Rex 2X Long BMNR Daily Target ETF

발행사	렉스 셰어즈	설정일	2025-09-25	운용보수	1.5%
분류	개별 주식	운용자산	(백만 달러) 465	(억 원) 6,749	

주가(달러)			수익률		
ETF 종가	52주 저가	52주 고가	5일 수익률	1개월 수익률	6개월 수익률
5.06	4.28	42.56	-11.80%	-11.80%	-

평균 거래주수	2026 연초 이후 수익률	1년 수익률	3년 수익률
31.04M	-4.60%	-	-

가상자산 채굴 및 서비스 업체인 비트마인 이머전 테크놀로지스(BMNR)를 2배로 추종하는 단일 종목 레버리지 ETF입니다. 가상 자산 채굴과 비트코인 반감기 테마에 베팅하는 상품입니다. 채굴 환경과 전기료 변동, 가상 자산 가격 리스크에 변동성 끌림까지 복합적으로 작용해 장기 보유 시 손실 위험이 매우 큽니다. 비트코인 랠리가 확인되는 시기에 한정해 단기 베팅 용도로만 활용해야겠습니다.

58 개별 주식 **MSTU** T-Rex 2X Long MSTR Daily Target ETF

발행사	렉스 셰어즈	설정일	2024-09-17	운용보수	1.05%
분류	개별 주식	운용자산	(백만 달러) 451	(억 원) 6,536	

주가(달러)			수익률		
ETF 종가	52주 저가	52주 고가	5일 수익률	1개월 수익률	6개월 수익률
8.96	8.08	107.6	-4.33%	-3.28%	-89.4%

평균 거래주수	2026 연초 이후 수익률	1년 수익률	3년 수익률
13.22M	6.38%	-91.54%	-

스트래티지(MSTR) 주식을 2배로 추종하는 단일 종목 레버리지 ETF로, 대량의 비트코인을 보유한 기업 특성상 비트코인 시장에 간접적으로 베팅하는 수단으로 활용되곤 합니다. 그러나 가상 자산 시장 변동성에 기업 부채 리스크와 변동성 끌림까지 복합적으로 작용하므로, 비트코인 강세 국면에 한정해 초단기·단기로만 고려하는 것이 좋습니다.

IRE Defiance Daily Target 2X Long IREN ETF

발행사	디파이언스 ETF, LLC	설정일	2025-10-20	운용보수	1.31%
분류	개별 주식	운용자산	(백만 달러) 413	(억 원) 5,984	

주가(달러)			수익률		
ETF 종가	52주 저가	52주 고가	5일 수익률	1개월 수익률	6개월 수익률
13.41	4.8	31.17	-5.61%	53.53%	-

평균 거래주수	2026 연초 이후 수익률	1년 수익률	3년 수익률
13.75M	75.76%	-	-

아이렌(IREN) 주식을 2배로 추종하는 단일 종목 레버리지 ETF로, 가상 자산 채굴과 데이터 센터 테마에 베팅하는 상품입니다. 초기 기업 특유의 높은 리스크에 변동성 끌림까지 복합적으로 작용해 장기 보유 시 손실 위험이 매우 큽니다. 가상 자산과 AI 인프라 관련 호재가 확인되는 시기에 한정해 단기적으로만 접근하길 권합니다.

MSTX Defiance Daily Target 2X Long MSTR ETF

발행사	디파이언스 ETF, LLC	설정일	2024-08-14	운용보수	1.31%
분류	개별 주식	운용자산	(백만 달러) 396	(억 원) 5,747	

주가(달러)			수익률		
ETF 종가	52주 저가	52주 고가	5일 수익률	1개월 수익률	6개월 수익률
4.12	3.73	49.75	-4.67%	-3.09%	-89.41%

평균 거래주수	2026 연초 이후 수익률	1년 수익률	3년 수익률
35.68M	5.97%	-91.65%	-

스트래티지(MSTR) 주식을 2배로 추종하는 단일 종목 레버리지 ETF로, 비트코인 시장에 대리 투자하는 방법으로 활용됩니다. 가상 자산 시장의 극단적인 변동성에 변동성 끌림까지 복합적으로 작용해 장기 보유 시 손실 위험이 매우 큽니다. 비트코인 랠리가 확인되는 시기에 한정해 초단기 베팅 용도로만 엄격하게 접근해야 합니다.

61 개별 주식 **AMZU** Direxion Daily AMZN Bull 2X Shares ETF

발행사	디렉시온	설정일	2022-09-06	운용보수	0.99%
분류	개별 주식	운용자산	(백만 달러) 338 (억 원) 4,906		

주가(달러)			수익률		
ETF 종가	52주 저가	52주 고가	5일 수익률	1개월 수익률	6개월 수익률
38.76	21.28	50.61	6.01%	3.74%	-8.83%

평균 거래주수	2026 연초 이후 수익률	1년 수익률	3년 수익률
2.35M	5.44%	-22.57%	157.81%

아마존(AMZN) 주식을 2배로 추종하는 단일 종목 레버리지 ETF입니다. 이커머스, 클라우드AWS, 프라임, 물류, 광고 등 아마존의 다각화된 사업 모델 성장에 베팅하는 상품으로, 블랙프라이데이와 프라임데이 같은 쇼핑 시즌이나 AI 서버 수요 폭증 등 클라우드 성장이 가속화되는 시기에 강력한 상승을 보입니다. 아마존 실적 발표 시즌이나 이커머스·클라우드 시장 확대 기대감이 높아질 때 단기·중기 매수 전략으로 활용하는 투자자들이 많습니다.

다만 경쟁 심화, 노조 이슈, 반독점 규제, 경기 둔화 시 30~50%의 조정이 빈번하게 나타나며, 2배 레버리지 특성상 아마존의 횡보장이나 반복 등락 구간에서 변동성 끌림이 빠르게 누적되어 원 주 수익률을 크게 밑돌 수 있습니다. 아마존 강세 모멘텀이나 실적 호조를 확인한 뒤 단기·중기 집중 베팅 후 빠르게 청산하는 것이 핵심 전략이며, 철저한 자금 관리와 손절 라인 설정이 필수입니다.

62 개별 주식 **TSLT** T-Rex 2X Long Tesla Daily Target ETF

발행사	렉스 셰어즈	설정일	2023-10-18	운용보수	1.05%
분류	개별 주식	운용자산	(백만 달러) 338	(억 원) 4,903	

주가(달러)			수익률		
ETF 종가	52주 저가	52주 고가	5일 수익률	1개월 수익률	6개월 수익률
24.04	8.62	39.35	1.41%	-17.93%	59.80%

평균 거래주수	2026 연초 이후 수익률	1년 수익률	3년 수익률
4.01M	-8.16%	-33.97%	-

테슬라(TSLA) 주식을 2배로 추종하는 단일 종목 레버리지 ETF로, 테슬라의 혁신 테마에 집중된 상품입니다. 일론 머스크의 주요 발표나 EV 시장 확대 시 폭발적인 상승 가능성이 높습니다. 테슬라 실적, 뉴스 이벤트, EV 정책 변화보조금 등를 보고 단기 스윙 트레이딩 수단으로 활용하는 투자자들이 많습니다.

반면 테슬라의 생산 지연, 경쟁 심화중국 EV 업체, 규제와 실적 부진 시 40~60% 급락한 사례가 많은데다, 2배 레버리지로 인해 장기 횡보나 조정 구간에서 손실 위험이 매우 큽니다. 테슬라 관련 호재나 강세 모멘텀이 확인되는 시기에 한정해 활용하는 것이 최선이며, 변동성 관리를 위한 철저한 포지션 사이징이 필수입니다.

 TSMX Direxion Daily TSM Bull 2X Shares ETF

| 발행사 | 디렉시온 | 설정일 | 2024-10-02 | 운용보수 | 1.05% |
| 분류 | 개별 주식 | 운용자산 | (백만 달러) 292 (억 원) 4,233 | | |

주가(달러)			수익률		
ETF 종가	52주 저가	52주 고가	5일 수익률	1개월 수익률	6개월 수익률
60.1	12.15	65.03	3.26%	18.75%	54.78%

평균 거래주수	2026 연초 이후 수익률	1년 수익률	3년 수익률
545.51K	17.98%	59.09%	-

TSMC(TSM) 주식을 2배로 추종하는 단일 종목 레버리지 ETF입니다. 세계 최대 반도체 파운드리 업체인 TSMC의 성장에 베팅하는 상품으로, AI 칩과 스마트폰, 자동차 반도체 수요가 증가하는 시기에 강한 성과를 보입니다. 반도체 공급망 안정화와 TSMC 실적 발표, 주요 고객사에 호재가 나타날 때 중단기 매수 전략으로 활용하는 투자자들이 많습니다.

그러나 지정학 리스크는 물론이고 반도체 사이클 하락, 공정 지연 시 조정이 빈번하게 나타납니다. 또, 2배 레버리지 변동성 끌림으로 인해 장기 보유 시 원 주 수익률을 크게 하회할 가능성이 큽니다. 반도체 수요 폭증이나 TSMC 관련 호재가 집중되는 시기에 중단기로 활용하는 것을 권하며, 글로벌 공급망 뉴스에 대하여 지속적으로 관심을 가지는 것이 중요합니다.

 ASTX Tradr 2X Long ASTS Daily ETF

| 발행사 | AXS | 설정일 | 2025-07-10 | 운용보수 | 1.3% |
| 분류 | 개별 주식 | 운용자산 | (백만 달러) 269　(억 원) 3,905 | | |

주가(달러)			수익률		
ETF 종가	52주 저가	52주 고가	5일 수익률	1개월 수익률	6개월 수익률
84.83	15.03	107.79	0.77%	87.50%	105.89%

평균 거래주수	2026 연초 이후 수익률	1년 수익률	3년 수익률
1.65M	85.07%	-	-

AST 스페이스모바일(ASTS) 주식을 2배로 추종하는 단일 종목 레버리지 ETF입니다. 우주 기반 모바일 통신위성 직접 연결 테마의 초기 단계 기업에 집중 투자하는 고위험 상품으로, 위성 발사 성공이나 파트너십버라이즌, AT&T 등, FCC 승인 호재가 나타날 때 폭발적인 상승을 보입니다. 우주 산업 뉴스나 스페이스X 경쟁 동향을 보고 단기 스윙 트레이딩 수단으로 활용하는 투자자들이 많습니다.

그러나 초기 테크 기업 특성상 기술 실패와 자금 조달 리스크, 경쟁 심화로 50~80%의 급락 가능성이 높으며, 2배 변동성 끌림이 장기적으로 누적되어 자산 소멸 위험이 큽니다. 우주 통신 관련 호재 이벤트가 확인되는 시기에 한정해 초단기 베팅 용도로만 접근해야 하며, 고변동성에 대한 철저한 대응 준비가 필수입니다.

65 개별 주식 **ORCX** Defiance Daily Target 2X Long ORCL ETF

발행사	디파이언스 ETF, LLC	설정일	2025-02-06	운용보수	1.29%
분류	개별 주식	운용자산	(백만 달러) 250　(억 원) 3,628		

주가(달러)			수익률		
ETF 종가	52주 저가	52주 고가	5일 수익률	1개월 수익률	6개월 수익률
13.61	9.05	60.53	9.61%	-16.64%	-57.19%

평균 거래주수		2026 연초 이후 수익률	1년 수익률	3년 수익률
3.79M		-13.93%	-	-

오라클(ORCL) 주식을 2배로 추종하는 단일 종목 레버리지 ETF입니다. 클라우드, 데이터베이스, ERP 소프트웨어, AI 인프라 성장 테마에 베팅하는 상품으로, 오라클 실적 시즌이나 클라우드 수요에 대한 증가 기대감이 높아질 때 중단기 매수 전략으로 활용됩니다. 그러나 클라우드 시장의 경쟁 심화나 성장 둔화 시 20~40%의 조정이 빈번하게 나타나며, 2배 변동성 끌림이 누적되어 장기 보유 시 원주 대비 열위한 성과를 보입니다. 오라클 관련 호재나 클라우드 붐이 확인되는 시기에 한정해 중단기로 접근하는 것이 좋겠습니다.

66 개별 주식 **TSLR** Graniteshares 2x Long TSLA Daily ETF

발행사	그래닛셰어즈	설정일	2023-08-21	운용보수	0.95%
분류	개별 주식	운용자산	(백만 달러) 243　(억 원) 3,519		

주가(달러)			수익률		
ETF 종가	52주 저가	52주 고가	5일 수익률	1개월 수익률	6개월 수익률
28.9	9.97	45.17	1.37%	-17.69%	63.07%

평균 거래주수	2026 연초 이후 수익률	1년 수익률	3년 수익률
1.78M	-7.87%	-30.80%	-

테슬라(TSLA) 주식을 2배로 추종하는 단일 종목 레버리지 ETF로, TSLL 그리고 TSLT와 유사한 성격의 상품입니다. EV와 자율주행 테마 모멘텀이 강해지는 시기에 단기 베팅 수단으로 활용되나, 테슬라 특유의 극단적인 변동성에 2배 변동성 끌림까지 복합적으로 작용해 장기 보유 시 손실 위험이 큽니다. 테슬라 관련 이벤트나 실적 호조가 확인되는 시기에 한정해 초단기·중기 활용 용도로 접근해야 합니다.

67 개별 주식 **IONX** Defiance Daily Target 2X Long IONQ ETF

발행사	디파이언스 ETF, LLC	설정일	2025-03-11	운용보수	1.29%
분류	개별 주식	운용자산	(백만 달러) 240　(억 원) 3,477		

주가(달러)			수익률		
ETF 종가	52주 저가	52주 고가	5일 수익률	1개월 수익률	6개월 수익률
21.14	8.70	103.95	-20.81%	-17.84%	-41.95%

평균 거래주수	2026 연초 이후 수익률	1년 수익률	3년 수익률
2.46M	-11.11%	-	-

아이온큐(IONQ) 주식을 2배로 추종하는 단일 종목 레버리지 ETF입니다. 양자 컴퓨팅 초기 테마 기업에 집중된 상품으로, 관련 호재가 나타날 때 강한 상승을 보이나, 기술 기업 특유의 높은 리스크에 변동성 끌림까지 복합적으로 작용해 장기 보유 시 손실 위험이 큽니다. 관련 호재가 확인되는 시기에 한정해 단기 베팅 용도로만 접근하길 권합니다.

RKLX Defiance Daily Target 2X Long RKLB ETF

발행사	디파이언스 ETF, LLC	설정일	2025-03-12	운용보수	1.29%
분류	개별 주식	운용자산	(백만 달러) 236　(억 원) 3,425		

주가(달러)			수익률		
ETF 종가	52주 저가	52주 고가	5일 수익률	1개월 수익률	6개월 수익률
58.03	3.81	78	-17.34%	6.80%	56.65%

평균 거래주수		2026 연초 이후 수익률	1년 수익률	3년 수익률
1.86M		25.91%	-	-

로켓랩(RKLB) 주식을 2배로 추종하는 단일 종목 레버리지 ETF로, 소형 로켓 발사체와 우주 산업 테마에 베팅하는 상품입니다. 그러나 우주 산업 특유의 높은 리스크에 변동성 끌림까지 복합적으로 작용해 장기 보유 시 손실 위험이 큽니다. 발사 성공이나 신규 계약 호재가 확인되는 시기에 한정해 초단기 베팅 용도로만 활용하는 게 바람직합니다.

MULL GraniteShares 2x Long MU Daily ETF

발행사	그래닛셰어즈	설정일	2024-11-11	운용보수	1.5%
분류	개별 주식	운용자산	(백만 달러) 212　(억 원) 3,079		

주가(달러)			수익률		
ETF 종가	52주 저가	52주 고가	5일 수익률	1개월 수익률	6개월 수익률
176.66	6.04	181.85	-0.11%	77.14%	830.32%

평균 거래주수	2026 연초 이후 수익률	1년 수익률	3년 수익률
347.61K	78.07%	700.15%	-

마이크론 테크놀로지(MU) 주식을 2배로 추종하는 단일 종목 레버리지 ETF로, 메모리 반도체 수요가 증가하는 시기에 단기·중기 베팅 수단으로 활용되는 상품입니다. 다만 반도체 사이클 특유의 높은 변동성에 변동성 끌림까지 복합적으로 작용해 장기 보유 시 손실 위험이 큽니다. 반도체 메모리 붐이 확인되는 시기에 한정해 접근해야겠습니다.

70 개별 주식 **OKLL** Defiance Daily Target 2X Long OKLO ETF

발행사	디파이언스 ETF, LLC	설정일	2025-06-23	운용보수	1.31%
분류	개별 주식	운용자산	(백만 달러) 204	(억 원) 2,954	

주가(달러)			수익률		
ETF 종가	52주 저가	52주 고가	5일 수익률	1개월 수익률	6개월 수익률
22.12	16.09	169.95	-18.48%	6.61%	-39.40%

평균 거래주수	2026 연초 이후 수익률	1년 수익률	3년 수익률
3.16M	23.08%	-	-

오클로(OKLO) 주식을 2배로 추종하는 단일 종목 레버리지 ETF입니다. 소형 원자로SMR, 원자력 에너지 테마의 초기 기업에 집중된 상품입니다. 규제와 기술 리스크에 변동성 끌림까지 복합적으로 작용해 장기 보유 시 손실 위험이 큽니다. 원자력 관련 정책 발표나 계약 호재가 확인되는 시기에 한정해 단기 베팅 용도로만 활용해야 합니다.

유튜버들은 절대 알려주지 않는 **레버리지 ETF의 34가지 비밀**

71 개별 주식 **SMCX** Defiance Daily Target 2X Long SMCI ETF

발행사	디파이언스 ETF, LLC	설정일	2025-06-23	운용보수	1.43%
분류	개별 주식	운용자산	(백만 달러) 203　(억 원) 2,946		

주가(달러)			수익률		
ETF 종가	52주 저가	52주 고가	5일 수익률	1개월 수익률	6개월 수익률
12.41	9.96	149.16	-9.15%	-7.20%	-79.32%

평균 거래주수	2026 연초 이후 수익률	1년 수익률	3년 수익률
2.47M	6.32%	-72.75%	-

슈퍼마이크로 컴퓨터(SMCI) 주식을 2배로 추종하는 단일 종목 레버리지 ETF입니다. AI 서버와 데이터센터 하드웨어 공급 테마에 베팅하는 상품이나, 공급망 리스크와 경쟁 심화에 변동성 끌림까지 복합적으로 작용해 장기 보유 시 손실 위험이 큽니다. AI 서버 수요가 폭증하는 시기에 한정해 단기·중기 활용 용도로만 접근해야 합니다.

72 개별 주식 **AVGX** Defiance Daily Target 2X Long AVGO ETF

발행사	디파이언스 ETF, LLC	설정일	2024-08-21	운용보수	1.3%
분류	개별 주식	운용자산	(백만 달러) 198　(억 원) 2,868		

주가(달러)			수익률		
ETF 종가	52주 저가	52주 고가	5일 수익률	1개월 수익률	6개월 수익률
42.45	9.8711	70.31	-2.67%	-17.95%	3.47%

평균 거래주수	2026 연초 이후 수익률	1년 수익률	3년 수익률
939.02K	-13.63%	14.21%	-

브로드컴(AVGO) 주식을 2배로 추종하는 단일 종목 레버리지 ETF입니다. 반도체 설계와 통신 칩, 소프트웨어VMware 성장 테마에 베팅합니다. 그러나 섹터 리스크에 변동성 끌림까지 복합적으로 작용해 장기 보유 시 손실 위험이 크므로, 브로드컴의 실적 호조나 M&A 관련 호재가 확인되는 시기에 한정해 단기·중기적으로만 접근하는 것이 적합합니다.

73 개별 주식 UNHG Leverage Shares 2X Long UNH Daily ETF

발행사	레버리지 셰어즈	설정일	2025-07-21	운용보수	0.75%
분류	개별 주식	운용자산	(백만 달러) 191	(억 원) 2,769	

주가(달러)			수익률		
ETF 종가	52주 저가	52주 고가	5일 수익률	1개월 수익률	6개월 수익률
11.43	10.14	25.42	2.01%	-0.53%	27.04%

평균 거래주수	2026 연초 이후 수익률	1년 수익률	3년 수익률
2.13M	11.73%	-	-

유나이티드헬스 그룹(UNH) 주식을 2배로 추종하는 단일 종목 레버리지 ETF입니다. 헬스케어 보험과 의료 서비스, 옵텀Optum, 유나이티드헬스 그룹의 자회사 성장 테마에 베팅하는 상품입니다. 규제 리스크와 의료비 증가 부담에 변동성 끌림까지 복합적으로 작용해 장기 보유 시 손실 위험이 큽니다. 헬스케어 섹터 강세 국면에 한정해 접근해야겠습니다.

유튜버들은 절대 알려주지 않는 **레버리지 ETF의 34가지 비밀**

 BABX GraniteShares 2x Long BABA Daily ETF

발행사	그래닛셰어즈	설정일	2022-12-12	운용보수	1.15%
분류	개별 주식	운용자산	(백만 달러) 183 (억 원) 2,659		

주가(달러)			수익률		
ETF 종가	52주 저가	52주 고가	5일 수익률	1개월 수익률	6개월 수익률
48.54	17.89	66	2.68%	22.68%	74.55%

평균 거래주수	2026 연초 이후 수익률	1년 수익률	3년 수익률
944.74K	32.66%	171.96%	16.78%

알리바바 그룹 홀딩(BABA) 주식을 2배로 추종하는 단일 종목 레버리지 ETF입니다. 중국 이커머스와 클라우드, 핀테크 테마 회복에 베팅하는 상품입니다. 중국의 규제 리스크와 경기 둔화에 변동성 끌림까지 복합적으로 작용해 장기 보유 시 손실 위험이 크므로, 중국 정부의 정책 완화 신호나 알리바바 실적 호조가 확인되는 시기에만 고려해야 합니다.

 NFXL Direxion Daily NFLX Bull 2X Shares ETF

발행사	디렉시온	설정일	2024-10-02	운용보수	1.06%
분류	개별 주식	운용자산	(백만 달러) 182 (억 원) 2,642		

주가(달러)			수익률		
ETF 종가	52주 저가	52주 고가	5일 수익률	1개월 수익률	6개월 수익률
25.24	23.15	73.705	0.48%	-18.70%	-55.07%

평균 거래주수	2026 연초 이후 수익률	1년 수익률	3년 수익률
904.24K	-17.46%	-42.11%	-

넷플릭스(NFLX) 주식을 2배로 추종하는 단일 종목 레버리지 ETF입니다. 스트리밍, 콘텐츠, 광고 기반 수익 모델 성장 테마에 베팅하는 하나, 월트 디즈니와 아마존 등과의 경쟁 심화 리스크에 변동성 끌림까지 복합적으로 작용해 장기 보유 시 손실 위험이 큽니다. 넷플릭스 실적 호조나 구독자 증가 호재가 확인되는 시기에만 한정해서 단기 용도로 접근하는 것이 좋겠습니다.

76 개별 주식 **AAPU** Direxion Daily AAPL Bull 2X Shares ETFF

발행사	디렉시온	설정일	2022-08-08	운용보수	0.97%
분류	개별 주식	운용자산	(백만 달러) 181　(억 원) 2,624		

주가(달러)			수익률		
ETF 종가	52주 저가	52주 고가	5일 수익률	1개월 수익률	6개월 수익률
30.02	15.89	40.7	6.03%	-13.54%	24.19%

평균 거래주수	2026 연초 이후 수익률	1년 수익률	3년 수익률
1.88M	-12.54%	-0.31%	95.88%

애플(AAPL) 주식을 2배로 추종하는 단일 종목 레버리지 ETF입니다. 아이폰, 웨어러블, 애플 인텔리전스Apple Intelligence의 성장에 베팅하는 상품으로, 성장 둔화와 중국 판매 리스크에 변동성 끌림까지 복합적으로 작용해 장기 보유 시 손실 위험이 큽니다. 애플 신제품 출시나 실적 호조가 확인되는 시기에 한정해서 고려하는 것이 적합합니다.

　유튜버들은 절대 알려주지 않는 **레버리지 ETF의 34가지 비밀**

77 개별 주식 **AVL** Direxion Daily AVGO Bull 2X Shares ETF

발행사	디렉시온	설정일	2024-10-09	운용보수	1.04%
분류	개별 주식	운용자산	(백만 달러) 171	(억 원) 2,485	

주가(달러)			수익률		
ETF 종가	52주 저가	52주 고가	5일 수익률	1개월 수익률	6개월 수익률
40.01	10.68	74.75	-2.83%	-16.47%	-10.39%

평균 거래주수	2026 연초 이후 수익률	1년 수익률	3년 수익률
569.37K	-13.52%	-0.42%	-

브로드컴(AVGO) 주식을 2배로 추종하는 단일 종목 레버리지 ETF로, 반도체와 통신 칩 테마 모멘텀이 강해지는 시기에 활용됩니다. 그러나 섹터 변동성에 변동성 끌림까지 복합적으로 작용해 장기 보유 시 손실 위험이 크므로, 브로드컴 관련 호재가 집중되는 시기에 한정해 접근하는 게 적절해 보입니다.

78 개별 주식 **INTW** GraniteShares 2x Long INTC Daily ETF

발행사	그래닛셰어즈	설정일	2025-02-12	운용보수	1.5%
분류	개별 주식	운용자산	(백만 달러) 161	(억 원) 2,335	

주가(달러)			수익률		
ETF 종가	52주 저가	52주 고가	5일 수익률	1개월 수익률	6개월 수익률
55.82	13.56	90.32	-41.64%	25.31%	216.82%

평균 거래주수	2026 연초 이후 수익률	1년 수익률	3년 수익률
891.62K	20.93%	-	-

인텔(INTC) 주식을 2배로 추종하는 단일 종목 레버리지 ETF입니다. 반도체 회복과 파운드리, AI 칩 테마에 투자하는 것으로, 경쟁 심화 리스크에 변동성 끌림까지 복합적으로 작용해 장기 보유 시 손실 위험이 큽니다. 인텔의 턴어라운드 관련 호재가 확인되는 시기에 한정해 단기 베팅 용도로만 접근해야 합니다.

79 개별 주식 **ROBN** T-Rex 2X Long HOOD Daily Target ETF

발행사	렉스 셰어즈	설정일	2025-01-29	운용보수	1.05%
분류	개별 주식	운용자산	(백만 달러) 161	(억 원) 2,330	

주가(달러)			수익률		
ETF 종가	52주 저가	52주 고가	5일 수익률	1개월 수익률	6개월 수익률
45.88	6.05	123.06	1.82%	-20.24%	-25.53%

평균 거래주수	2026 연초 이후 수익률	1년 수익률	3년 수익률
841.95K	-12.38%	-	-

로빈후드 마켓츠(HOOD) 주식을 2배로 추종하는 단일 종목 레버리지 ETF입니다. 핀테크, 리테일 투자 플랫폼, 가상 자산 거래 성장 테마에 베팅하는 것으로, 규제 리스크, 시장 변동성에 변동성 끌림까지 복합적으로 작용해 장기 보유 시 손실 위험이 큽니다. 로빈후드 마켓츠의 실적 호조나 사용자 증가 호재가 확인되는 시기에 한정해 단기적으로만 접근하는 것이 좋겠습니다.

유튜버들은 절대 알려주지 않는 **레버리지 ETF의 34가지 비밀**

 CCUP T-REX 2X Long CRCL Daily Target ETF

발행사	렉스 셰어즈	설정일	2025-08-01	운용보수	1.5%
분류	주식	운용자산	(백만 달러) 46	(억 원) 670	

주가(달러)			수익률		
ETF 종가	52주 저가	52주 고가	5일 수익률	1개월 수익률	6개월 수익률
3.27	3.04	34.83	-4.79%	-26.20%	-

평균 거래주수	2026 연초 이후 수익률	1년 수익률	3년 수익률
1.02M	-22.12%	-	-

서클인터넷 그룹(CRCL) 주식을 2배로 추종하는 단일 종목 레버리지 ETF입니다. USDC 스테이블코인을 발행하는 이더리움 재무기업의 대표주자 중 하나로 평가받는 기업으로, 스테이블코인·가상 자산 인프라·규제 준수 테마 모멘텀에 간접 베팅하는 수단으로 활용됩니다. 그러나 극단적인 가상 자산 섹터 변동성, USDC 관련 리스크, 규제 변화 가능성, 기업 재무·시장 의존도, 그리고 레버리지 ETF 특성상 변동성 끌림까지 복합적으로 작용해 장기 보유 시 손실 위험이 큽니다. CRCL 또는 이더리움·스테이블코인 섹터가 강한 상승 국면에 진입했을 때, 초단기·단기 트레이딩으로만 접근하는 것이 적합하며, 호재예: USDC 유통량 급증, 대형 파트너십, ETH 강세 등가 집중되는 시점에 한정해 활용하세요.

TMF Direxion Daily 20+ Year Treasury Bull 3X Shares ETF

발행사	디렉시온	설정일	2009-04-16	운용보수	0.91%
분류	채권	운용자산	(백만 달러) 3,695	(억 원) 53,573	

주가(달러)			수익률		
ETF 종가	52주 저가	52주 고가	5일 수익률	1개월 수익률	6개월 수익률
37.74	33.50	48.97	3.25%	1.05%	4.37%

평균 거래주수	2026 연초 이후 수익률	1년 수익률	3년 수익률
5.36M	3.08%	-2.21%	-54.22%

미국 장기 국채만기 20년 이상를 3배로 추종하는 레버리지 ETF입니다. 금리 하락과 채권 가격 상승 국면에서 강력한 수익을 내는 상품으로, 연준의 금리 인하 기대감과 인플레이션 둔화, 경기 침체 우려가 높아지는 시기에 집중 매수하는 투자자들이 많습니다. 채권 레버리지 상품 중 가장 높은 배율로, 안전자산 랠리 시 3배 효과가 극대화됩니다.

금리 반등이나 인플레이션 재점화 시 국채 가격이 급락하며, 3배 레버리지로 인해 손실 폭이 매우 확대됩니다. 횡보장에서도 변동성 끌림이 누적되어 원 지수장기 국채 대비 낮은 성과를 보일 가능성이 있습니다. 금리 하락 사이클이 확인된 이후 단기·중기 베팅 용도로 활용하는 것이 적합하며, 금리 관련 뉴스와 연준 정책에 대한 면밀한 모니터링이 필수입니다.

TBT ProShares UltraShort 20+ Year Treasury ETF

발행사	프로셰어즈	설정일	2008-04-29	운용보수	0.93%
분류	채권	운용자산	(백만 달러) 267	(억 원) 3,874	

유튜버들은 절대 알려주지 않는 **레버리지 ETF의 34가지 비밀**

주가(달러)			수익률		
ETF 종가	52주 저가	52주 고가	5일 수익률	1개월 수익률	6개월 수익률
34.59	31.17	39.69	-2.15%	-0.73%	-6.57%
평균 거래주수			2026 연초 이후 수익률	1년 수익률	3년 수익률
390.20K			-2.32%	-7.86%	38.54%

미국 장기 국채만기 20년 이상를 -2배로 추종하는 인버스 레버리지 ETF입니다. 금리 상승, 채권 가격 하락 국면에서 수익을 노리는 상품으로, 인플레이션 우려, 연준의 긴축 지속, 경제 과열 시 단기 매수 전략으로 활용되곤 합니다. 금리가 장기적으로 하락 추세이거나 횡보하는 구간에서는 지속적인 가치 하락을 겪으며, 금리 등락이 반복될 경우 변동성 끌림 효과가 누적되어 원 지수 대비 열위한 성과가 뚜렷하게 나타납니다. 금리 상승 국면이나 인플레이션 재점화가 확인되는 시기에 한정해 단기 베팅 용도로만 고려하는 것이 좋겠습니다.

83 채권 TMV Direxion Daily 20+ Year Treasury Bear 3X Shares ETF

발행사	디렉시온	설정일	2009-04-16	운용보수	0.95%
분류	채권	운용자산	(백만 달러) 162 (억 원) 2,350		

주가(달러)			수익률		
ETF 종가	52주 저가	52주 고가	5일 수익률	1개월 수익률	6개월 수익률
36.62	31.03	44.3	-3.28%	-1.24%	-8.31%
평균 거래주수			2026 연초 이후 수익률	1년 수익률	3년 수익률
1.12M			-3.26%	-10.71%	46.86%

미국 장기 국채20년 이상를 -3배로 추종하는 인버스 레버리지 ETF입니다. 금리 상승과 채권 가격 급락 국면에서 가장 강력한 반대 매매 수단으로 활용되나, 금리가 하락하거나 횡보하는 구간에서는 3배 변동성 끌림과 음의 복리 효과로 인해 자산 가치가 크게 하락할 가능성이 높습니다. 금리 급등이나 인플레이션 쇼크가 확인되는 시기에만 초단기 베팅 용도로만 엄격하게 활용해야겠습니다.

84 원자재 **AGQ** ProShares Ultra Silver ETF

발행사	프로셰어즈	설정일	2008-12-01	운용보수	0.95%
분류	원자재	운용자산	(백만 달러) 4,356 (억 원) 63,168		

주가(달러)			수익률		
ETF 종가	52주 저가	52주 고가	5일 수익률	1개월 수익률	6개월 수익률
371.49	31.88	411.78	34.87%	75.67%	565.32%
평균 거래주수			2026 연초 이후 수익률	1년 수익률	3년 수익률
5.10M			126.21%	826.08%	1006.91%

은 가격 지수Dow Jones-UBS Silver Sub-Index를 2배로 추종하는 레버리지 ETF입니다. 금보다 산업 수요전자, 태양광, 의료 등 비중이 높은 은의 가격 상승 국면에서 강한 레버리지 효과를 발휘하며, 인플레이션 헤지와 산업 수요 증가, 달러 약세 시기에 활용하는 투자자들이 많습니다. 다만 귀금속 가격이 횡보하거나 하락하는 구간에서는 2배 변동성 끌림이 빠르게 누적되며, 산업 사이클 둔화 시 50% 이상의 급락 가능성도 큽니다. 은 가격 강세나 인플레이션 우려가 확산되는 시기에 한정해 고려해야 합니다.

 GDXU MicroSectors Gold Miners 3X Leveraged ETNs

발행사	BMO 캐피탈 마켓	설정일	2008-12-01	운용보수	0.95%
분류	원자재	운용자산	(백만 달러) 3,927	(억 원) 56,935	

주가(달러)			수익률		
ETF 종가	52주 저가	52주 고가	5일 수익률	1개월 수익률	6개월 수익률
488.51	34.39	531.33	19.37%	55.50%	506.25%

평균 거래주수	2026 연초 이후 수익률	1년 수익률	3년 수익률
682.72K	90.61%	1155.95%	668.45%

금광 지수S-Network MicroSectors Gold Miners Index를 3배로 추종하는 레버리지 ETN으로, 금 가격 상승과 금광 기업의 운영 레버리지 효과가 결합되어 금 강세장에서 5~10배 이상의 수익을 기록한 적이 많습니다. 다만 금 가격이 횡보하거나 하락하는 구간에서는 3배 변동성 끌림와 금광 기업의 고정 비용 구조가 복합적으로 작용해 자산 가치가 급격히 감소합니다. 금 랠리 초입 국면에 한정해서 접근하는 것이 좋겠습니다.

 UGL ProShares Ultra Gold ETF

발행사	프로셰어즈	설정일	2008-12-01	운용보수	0.95%
분류	원자재	운용자산	(백만 달러) 1,365	(억 원) 19,794	

주가(달러)			수익률		
ETF 종가	52주 저가	52주 고가	5일 수익률	1개월 수익률	6개월 수익률
79.24	25.4675	79.43	9.39%	22.04%	115.04%

평균 거래주수	2026 연초 이후 수익률	1년 수익률	3년 수익률
3.66M	35.95%	191.96%	390.37%

금 현물가격 지수Bloomberg Gold Subindex를 2배로 추종하는 레버리지 ETF입니다. 인플레이션과 지정학 리스크, 안전자산 수요가 증가하는 시기에 활용되나, 금 가격이 횡보하거나 하락하는 구간에서는 2배 변동성 끌림이 누적되어 손실이 가속됩니다. 금 강세 국면에서만 관심을 가지기를 권합니다.

87 원자재 **BOIL** ProShares Ultra Bloomberg Natural Gas ETF

발행사	프로셰어즈	설정일	2011-10-04	운용보수	1.47%
분류	원자재	운용자산	(백만 달러) 541	(억 원) 7,845	

주가(달러)			수익률		
ETF 종가	52주 저가	52주 고가	5일 수익률	1개월 수익률	6개월 수익률
31.17	15.2	109.77	17.74%	26.20%	-14.50%

평균 거래주수	2026 연초 이후 수익률	1년 수익률	3년 수익률
11.23M	38.82%	-51.50%	-96.08%

천연가스 가격 지수Bloomberg Natural Gas를 2배로 추종하는 레버리지 ETF입니다. 겨울철 수요 급증과 공급 부족, 지정학적 리스크 등으로 천연가스 가격이 급등하는 시기에 폭발적인 상승을 보입니다. 그러나 계절적 수요 변동과 공급 불안정성에 극단적인 변동성 끌림까지 복합적으로 작용해 장기 보유 시 손실 위험이 매우 큽니다. 천연가스 가격 급등이 확인되는 시기에 한정해 초단기·단기로만 접근하는 것이 합리적입니다.

UCO ProShares Ultra Bloomberg Crude Oil ETF

발행사	프로셰어즈	설정일	2008-11-24	운용보수	0.95%
분류	원자재	운용자산	(백만 달러) 394 (억 원) 5,712		

주가(달러)			수익률		
ETF 종가	52주 저가	52주 고가	5일 수익률	1개월 수익률	6개월 수익률
22.35	17.7801	29.2	0.61%	12.43%	-8.92%

평균 거래주수	2026 연초 이후 수익률	1년 수익률	3년 수익률
2.54M	10.97%	-26.65%	-30.64%

원유WTI/Brent 가격을 2배로 추종하는 레버리지 ETF입니다. 유가 상승과 에너지 수요 증가, 지정학적 긴장이 고조되는 시기에 단기·중기 베팅 수단으로 활용됩니다. 다만 유가가 횡보하거나 하락하는 구간에서는 변동성 끌림이 누적되어 손실이 가속되므로, 유가 강세 사이클 초입 국면에 한정해 활용하는 것이 적합합니다.

DGP DB Gold Double Long ETN

발행사	도이치뱅크 AG	설정일	2008-02-27	운용보수	0.75%
분류	원자재	운용자산	(백만 달러) 338 (억 원) 4,902		

주가(달러)			수익률		
ETF 종가	52주 저가	52주 고가	5일 수익률	1개월 수익률	6개월 수익률
228.4	72.84	228.4	9.61%	22.20%	115.32%

평균 거래주수	2026 연초 이후 수익률	1년 수익률	3년 수익률
27.82K	35.21%	195.62%	426.63%

금 가격Deutsche Bank Liquid Commodity Index-Optimum Yield Gold을 2배로 추종하는 레버리지 ETN입니다. 금 안전자산 수요가 높아지는 시기에 단기·중기 베팅을 위해 활용되나, 변동성 끌림 효과가 존재해 장기 보유 시 원자산 대비 성과가 저하됩니다. 금 랠리가 확인되는 시기에만 활용하는 것이 좋겠습니다.

90 원자재 **KOLD** ProShares UltraShort Bloomberg Natural Gas ETF

발행사	프로셰어즈	설정일	2011-10-04	운용보수	1.82%
분류	원자재	자산분류	Trading--Inverse Commodities		
운용자산	(백만 달러) 296 (억 원) 4,289				

주가(달러)			수익률		
ETF 종가	52주 저가	52주 고가	5일 수익률	1개월 수익률	6개월 수익률
18.81	16.2038	49.47	-17.37%	-43.26%	-38.44%

평균 거래주수	2026 연초 이후 수익률	1년 수익률	3년 수익률
7.63M	-47.52%	-43.36%	-26.45%

천연가스 가격Bloomberg Natural Gas을 -2배로 추종하는 인버스 레버리지 ETF입니다. 천연가스 가격이 하락하는 시기에 단기 베팅 수단으로 활용되나, 천연가스 가격이 상승하는 구간에서는 자산 가치가 빠르게 소멸하는 구조입니다. 천연가스 가격 급락이 확인되는 시기에 한정해 초단기 베팅 용도로만 엄격하게 활용해야 합니다.

 유튜버들은 절대 알려주지 않는 **레버리지 ETF의 34가지 비밀**

ZSL ProShares UltraShort Silver ETF

발행사	프로셰어즈	설정일	2008-02-27	운용보수	1.03%
분류	원자재	운용자산	(백만 달러) 276 (억 원) 3,996		

주가(달러)			수익률		
ETF 종가	52주 저가	52주 고가	5일 수익률	1개월 수익률	6개월 수익률
1.71	1.57	40.13	-33.81%	-60.00%	-91.88%

평균 거래주수		2026 연초 이후 수익률	1년 수익률	3년 수익률
62.35M		-65.17%	-94.97%	-97.60%

은 가격 지수Dow Jones-UBS Silver Sub-Index를 -2배로 추종하는 인버스 레버리지 ETF입니다. 은 가격 하락에 대비하는 헤지 수단으로 활용되며, 은 가격이 상승하는 구간에서는 손실이 극대화되는 구조입니다. 은 가격 급락이 확인되는 시기에 한정해 단기 베팅 용도로만 활용해야 합니다.

SHNY MicroSectors Gold 3X Leveraged ETN

발행사	BMO 캐피탈 마켓	설정일	2023-02-21	운용보수	0.95%
분류	원자재	운용자산	(백만 달러) 197 (억 원) 2,863		

주가(달러)			수익률		
ETF 종가	52주 저가	52주 고가	5일 수익률	1개월 수익률	6개월 수익률
220.82	43.68	221.1	14.34%	34.19%	190.32%

평균 거래주수	2026 연초 이후 수익률	1년 수익률	3년 수익률
107.81K	57.48%	328.06%	-

금 가격_{LBMA Gold Price PM}을 3배로 추종하는 레버리지 ETN입니다. 금 가격 급등 시 고레버리지 효과를 극대화하는 단기 베팅 수단으로 활용되며, 3배 레버리지 특성상 변동성 끌림 효과가 매우 작용해 장기 보유 시 위험도가 큽니다. 금 가격 급등이 확인되는 시기에만 초단기 베팅에 활용하길 권합니다.

93 원자재 **CPXR** USCF Daily Target 2X Copper Index ETF

발행사	USCF 인베스트먼트	설정일	2025-01-21	운용보수	1.2%
분류	원자재	운용자산	(백만 달러) 23 (억 원) 334		

주가(달러)			수익률		
ETF 종가	52주 저가	52주 고가	5일 수익률	1개월 수익률	6개월 수익률
28.68	16.9	33.36	4.75%	2.46%	-10.59%

평균 거래주수	2026 연초 이후 수익률	1년 수익률	3년 수익률
56.91K	8.39%	44.80%	-

구리 가격을 2배로 추종하는 레버리지 ETF입니다. 산업 금속과 전기차, 재생에너지 수요가 증가하는 시기에 단기·중기 베팅에 활요되나, 경기 민감도가 높은 구리 특성상 경기 둔화 시 급락 위험이 크며, 변동성 끌림까지 복합적으로 작용해 장기 보유 시 손실 위험이 큽니다. 구리 강세 사이클 초입 국면에만 고려하는 것이 합리적입니다.

 ETHU 2x Ether ETF

발행사	볼라틸리티 셰어즈	설정일	2024-06-03	운용보수	2.67%
분류	기타 자산	운용자산	(백만 달러) 1,507 (억 원) 21,847		

주가(달러)			수익률		
ETF 종가	52주 저가	52주 고가	5일 수익률	1개월 수익률	6개월 수익률
54.65	22.10	188.72	-8.67%	-5.45%	-55.42%

평균 거래주수	2026 연초 이후 수익률	1년 수익률	3년 수익률
6.90M	-7.73%	-65.76%	-

이더리움ETH 선물 가격을 2배로 추종하는 레버리지 ETF입니다. 가상 자산 랠리, 이더리움 네트워크 업그레이드, 디파이DeFi와 NFT 붐이 나타난 시기에 단기 베팅 수단으로 쓰였으나, 가상 자산 시장 특유의 극단적인 변동성에 변동성 끌림까지 복합적으로 작용해 장기 보유 시 손실 위험이 매우 큽니다.

 BITX 2x Bitcoin Strategy ETF

발행사	볼라틸리티 셰어즈	설정일	2023-06-27	운용보수	2.38%
분류	기타 자산	운용자산	(백만 달러) 1,469 (억 원) 21,294		

주가(달러)			수익률		
ETF 종가	52주 저가	52주 고가	5일 수익률	1개월 수익률	6개월 수익률
28.28	24.47	68.81	-5.78%	-2.19%	-56.58%

평균 거래주수	2026 연초 이후 수익률	1년 수익률	3년 수익률
10.60M	-1.91%	-57.20%	-

비트코인 선물 가격BTC/USD Exchange Rate - USD - Benchmark Price Return을 2배로 추종하는 레버리지 ETF로, 비트코인 반감기, 기관 자금 유입, ETF 승인 등 강세 모멘텀이 확인되는 시기에 단기 베팅 수단으로 활용되었습니다. 가상 자산 시장 특유의 극단적인 변동성에 변동성 끌림까지 복합적으로 작용해 장기 보유 시 손실 위험이 매우 크므로, 비트코인 상승 모멘텀이 뚜렷하게 확인되는 시기에만 초단기로만 접근해야 합니다.

96 기타 자산 BITU ProShares Ultra Bitcoin ETF

발행사	프로셰어즈	설정일	2024-04-01	운용보수	0.98%
분류	기타 자산	운용자산	(백만 달러) 597 (억 원) 8,650		

주가(달러)			수익률		
ETF 종가	52주 저가	52주 고가	5일 수익률	1개월 수익률	6개월 수익률
22.48	21.33	65.77	-5.96%	-2.26%	-63.86%

평균 거래주수	2026 연초 이후 수익률	1년 수익률	3년 수익률
4.35M	-2.17%	-64.54%	-

비트코인 현물가격BTC/USD Exchange Rate - USD - Benchmark Price Return을 2배로 추종하는 레버리지 ETF로, 비트코인 시장에 간접적으로 베팅하는 단기 수단입니다. 가상 자산 시장 특유의 극단적인 변동성에 변동성 끌림까지 복합적으로 작용해 위험성이 매우 크므로, 비트코인 랠리가 확인되는 시기에 한정해 단기적으로만 접근하는 것이 적합합니다.

유튜버들은 절대 알려주지 않는 **레버리지 ETF의 34가지 비밀**

97 기타 자산 **UVXY** ProShares Ultra VIX Short-Term Futures ETF

발행사	프로셰어즈	설정일	2023-06-27	운용보수	0.95%
분류	기타 자산	운용자산	(백만 달러) 373 (억 원) 5,405		

주가(달러)			수익률		
ETF 종가	52주 저가	52주 고가	5일 수익률	1개월 수익률	6개월 수익률
36.25	33.95	266.05	-1.29%	-3.92%	-54.22%

평균 거래주수	2026 연초 이후 수익률	1년 수익률	3년 수익률
7.90M	-1.70%	-60.36%	-97.17%

단기 시장 변동성 지수S&P 500 VIX Short-Term Futures Index를 1.5배로 추종하는 레버리지 ETF 입니다. 시장의 변동성이 급등하는 국면, 즉 주식시장이 급락하거나 공포 심리가 매우 확산될 때 강력한 상승을 보이며, 주로 포트폴리오 헤지나 단기 변동성 베팅 수단으로 활용됩니다.

그러나 VIX 선물의 구조적 특성상 시장이 안정적일수록 선물 롤오버 비용이 지속적으로 발생하며, 이로 인해 시간이 지날수록 자산 가치가 뚜렷하게 감소합니다. 1.5배 레버리지의 변동성 끌림까지 복합적으로 작용해 변동성이 낮은 횡보장에서는 손실이 매우 빠르게 누적되므로, 시장이 급락하거나 공포 지수 급등이 예상되는 극히 짧은 순간에 한정해 초단기 헤지 또는 변동성 베팅 용도로만 활용하는 것이 좋습니다. 진입과 청산 타이밍 관리가 무엇보다 중요합니다.

 ## UVIX 2x Long VIX Futures ETF

발행사	VS 트러스트	설정일	2022-03-28	운용보수	4.13%
분류	기타 자산	운용자산	(백만 달러) 331	(억 원) 4,801	

주가(달러)			수익률		
ETF 종가	52주 저가	52주 고가	5일 수익률	1개월 수익률	6개월 수익률
5.67	5.23	105.17	-1.96%	-7.11%	-68.04%

평균 거래주수	2026 연초 이후 수익률	1년 수익률	3년 수익률
27.64M	-3.85%	-79.98%	-99.71%

VIX 지수Long VIX Futures Index - Benchmark TR Gross를 2배로 추종하는 레버리지 ETF입니다. 시장 공포 지수가 급등하는 극단적인 패닉 국면에서 단기 베팅 수단으로 활용되며, 이또한 롤오버 비용에 2배 변동성 끌림까지 복합적으로 작용함으로써 시장이 안정되는 즉시 자산 가치가 빠르게 하락할 가능성이 높습니다. 시장 패닉이 확인되는 순간에 한정해 초단기 베팅 용도로만 엄격하게 활용해야 합니다.

 ETHT ProShares Ultra Ether ETF

발행사	VS 트러스트	설정일	2024-06-06	운용보수	0.94%
분류	기타 자산	운용자산	(백만 달러) 303 (억 원) 4,393		

주가(달러)			수익률		
ETF 종가	52주 저가	52주 고가	5일 수익률	1개월 수익률	6개월 수익률
37.24	15.4	131.73	-8.67%	-5.90%	-56.27%

평균 거래주수	2026 연초 이후 수익률	1년 수익률	3년 수익률
1.77M	-8.30%	-66.66%	-

이더리움ETH 현물 가격을 2배로 추종하는 레버리지 ETF로, 강세 모멘텀이 확인되는 시기, 비트코인 대비 이더리움만의 독자적인 성장 테마스마트 컨트랙트·레이어2·NFT 등에 집중적으로 베팅하고 싶은 투자자들이 선호합니다. 다만 이더리움은 비트코인보다 변동성이 더 매우 나타나는 경향이 있으며, 본 상품에서 50~80%의 급락 사례가 빈번합니다. 2배 레버리지 변동성 끌림까지 복합적으로 작용해 횡보장이나 하락 구간에서는 자산 가치가 빠르게 하락할 수 있습니다. 이더리움 강세 모멘텀이 뚜렷하게 확인되는 시기에 한정해 초단기·단기 베팅 용도로만 접근하는 것이 적합하며, 가상 자산 시장 전반의 흐름과 이더리움 네트워크 관련 뉴스를 면밀히 모니터링하는 것이 필수입니다.

SVXY ProShares Short VIX Short-Term Futures ETF

발행사	프로셰어즈	설정일	2011-10-03	운용보수	0.95%
분류	기타 자산	운용자산	(백만 달러) 229 (억 원) 3,324		

주가(달러)			수익률		
ETF 종가	52주 저가	52주 고가	5일 수익률	1개월 수익률	6개월 수익률
54.6	32.0538	56.46	0.18%	0.11%	21.20%

평균 거래주수	2026 연초 이후 수익률	1년 수익률	3년 수익률
1.95M	-0.58%	5.66%	69.42%

단기 시장 변동성 지수S&P 500 VIX Short-Term Futures Index를 -0.5배로 추종하는 인버스 ETF입니다. 시장 변동성이 낮아지거나 안정적인 장세가 지속되는 국면에서 활용됩니다. 그러나 블랙스완 이벤트나 예기치 못한 변동성 급등 시 손실이 크게 확대될 수 있으며, 시장 패닉 국면에서는 매우 빠른 속도로 자산 가치가 감소합니다. 시장이 안정적이고 VIX 지수의 하락 추세가 뚜렷하게 확인되는 시기에 한정해 단기·중기 활용 용도로만 고려하는 것이 좋습니다.

**유튜버들은 절대 알려주지 않는
레버리지 ETF의 34가지 비밀**

초판 1쇄 인쇄 2026년 3월 20일
초판 1쇄 발행 2026년 3월 27일

지은이   오기석, 윤현상, 안석훈
펴낸곳   넥스트씨
펴낸이   김유진
출판등록 2021년 11월 24일(제2021-000036호)
홈페이지 nextc.kr
전화번호 0507-0177-5055
이메일   duane@nextc.kr
주소   서울시 중구 서애로23 3층, 318호

ⓒ안석훈, 오기석, 윤현상, 2026
ISBN 979-11-990   13320